MW01628179

Este libro pertenece a:

____

____

Disney

Chicos Diviértete a lo grande entre aventuras

Páginas 6-17, 34-49, 66-81, 98-101 | AVIONES: LA PELÍCULA
Basado en la novela gráfica de Alessandro Sisti; diseño: Roberto Di Salvo, Grafimated, Lucio Leoni; lápices: Lucio Leoni, Gianfranco Florio, Paco Desiato; pinturas: Massimo Rocca, Paco Desiato; coordinación artística: Tomatofarm.
Página 27 | ALTA COSTURA
Texto: Alessandro Sisti; lápices y tinta: Valentino Forlini; color: Lucio de Giuseppe.
Página 89 | MULTIARTISTA
Texto: Alessandro Sisti; lápices y tinta: Valentino Forlini; color: Lucio de Giuseppe.
Páginas 102-105 | ¡LA GRAN IDEA DE MATE!
Texto: Alessandro Sisti; lápices: Valentino Forlini; tintas: Michela Frare; color: Kawaii Creative Studio.
Páginas 140-143 | OLIMPIADAS DE JUGUETES
Texto: Alessandro Ferrari; lápices: Luca Usai; tintas: Michela Frare; color: Angela Capolupo.
Páginas 144 | SPA DE BONNIE
Texto: Tea Orsi; lápices: Luca Usai; tintas: Michela Frare; color: Angela Capolupo.
Páginas 161-165 | «ENCANTADO DE BRILLARTE»
Basado en la serie creada por Dan Povenmire y Jeff *Swampy* Marsh.
Texto: Scott Peterson; lápices y tintas: Anthony Vukojevich; colores: Wes Dzioba; letras: Michael Stewart.
Páginas 166-169 | DESASTRE MULTICOLOR
Texto: Gabriele Panini: lápices: Valentino Forlini; tintas: Michela Frare; color: Kawaii Creative Studio.

This edition published by Parragon Books Ltd in 2015
and distributed by:

Parragon Inc.
440 Park Avenue South, 13th Floor
New York, NY 10016, USA
www.parragon.com

Traducción: Míriam Torras para Delivering iBooks & Design
Redacción y maquetación: Delivering iBooks & Design, Barcelona

ISBN 978-1-4748-0605-3

Impreso en China/Printed in China

Bath • New York • Cologne • Melbourne • Delhi
Hong Kong • Shenzhen • Singapore • Amsterdam

Cuento

Aviones: la película

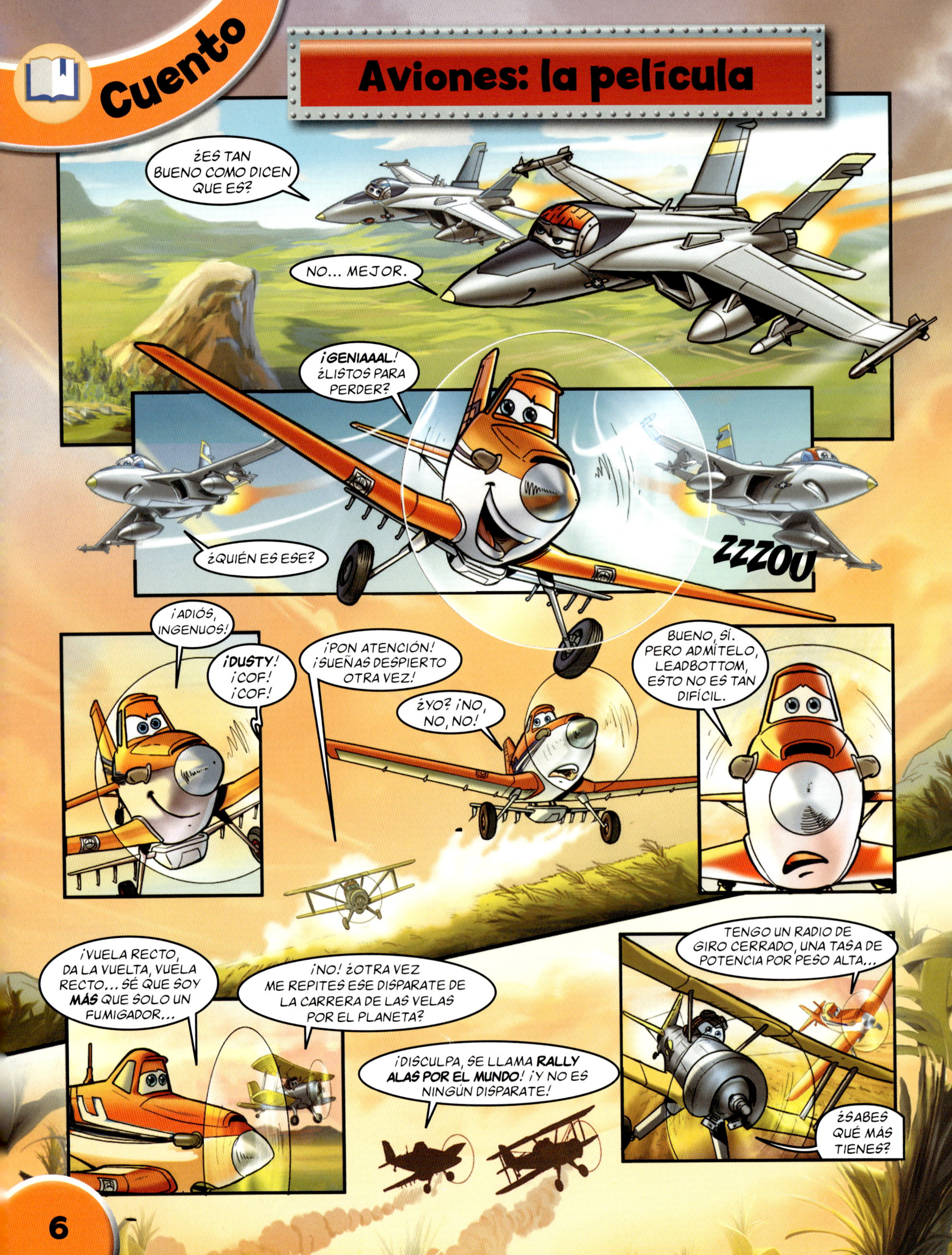

¡UN TORNILLO SUELTO! ¿POR QUÉ QUERRÍAS DEJAR LA FUMIGACIÓN?
¡CIELOS AZULES, NADA DE TRÁFICO AÉREO Y ESE DULCE OLOR DEL VITA-MINABONO!
MMM...
¡AY! DICEN QUE EL SENTIDO DEL OLFATO ES EL PRIMERO EN PERDERSE.
¡OH! ¡HORA DE ACABAR!
¡TUUUUUT!
VAYA...
MÁS TARDE...
LUEGO NOS VEMOS, CHUG.
KERNEL CO
CUÍDATE.
AQUÍ DUSTY FUMIGAVIÓN LLAMANDO A CHUG. CAMBIO.
CHUG NO ESTÁ AQUÍ.
USA EL NUEVO CÓDIGO.
¡OH, SÍ, SÍ, SÍ!
¡AQUÍ JET SUPERSÓNICO LLAMANDO A TURBO ENTRENADOR CAMIONZILLA! ¿LISTO PARA PRACTICAR?
¡LISTO, SUPERSÓNICO!
RUFIÁN.
ZZZUUM
BIEN, AMIGO, TE TENGO EN LA MIRA.
EMPEZAREMOS CON UNOS VUELOS RÁPIDOS.
¡JA, JA! ¡YUHU!

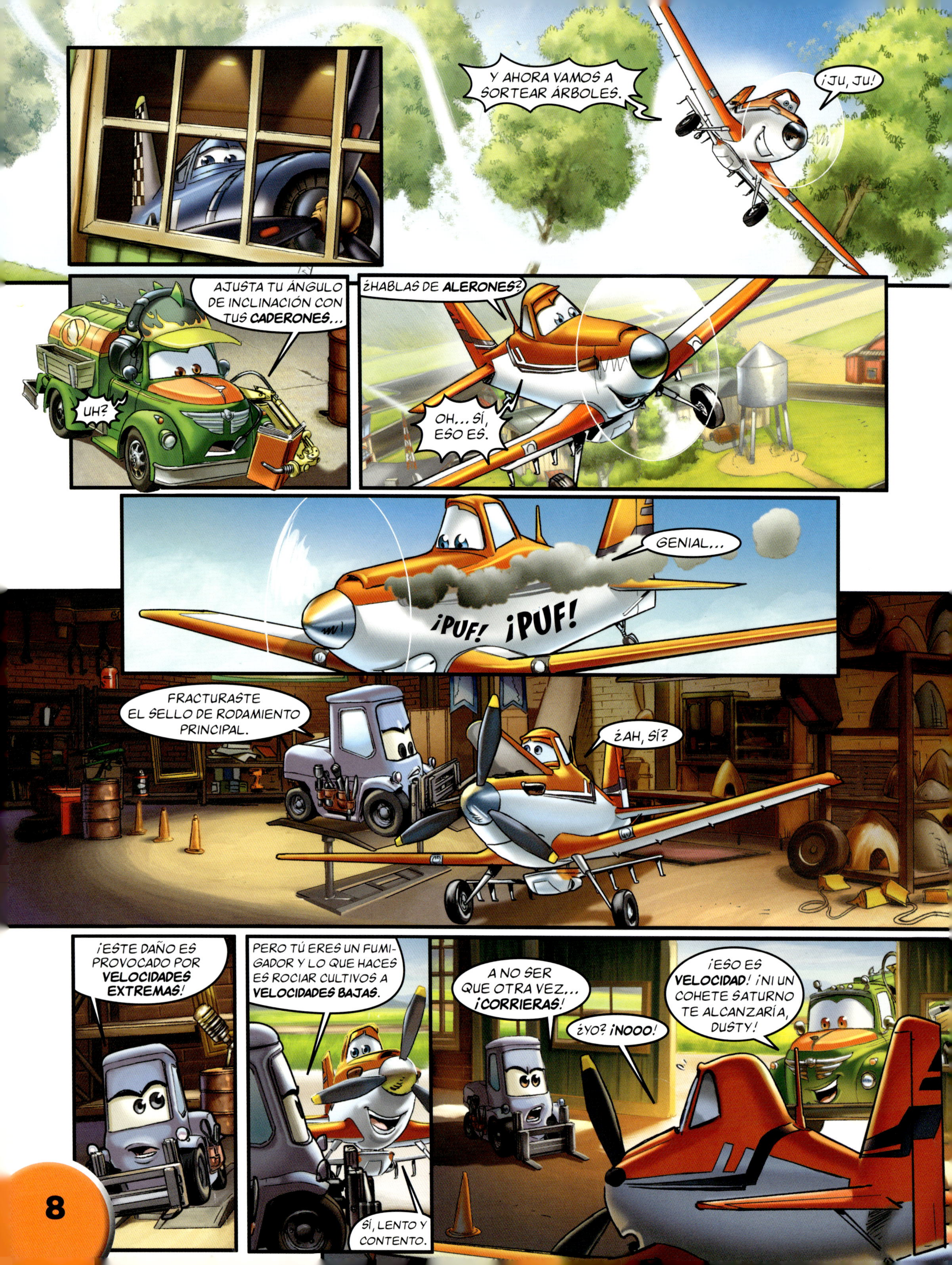

Y AHORA VAMOS A SORTEAR ÁRBOLES.
¡JU, JU!
AJUSTA TU ÁNGULO DE INCLINACIÓN CON TUS **CADERONES**...
UH?
¿HABLAS DE **ALERONES**?
OH... SÍ, ESO ES.

¡DUSTY
NO ESTÁS HECHO PARA CORRER!
¿SABES QUÉ TE PASARÁ SI TE FUERZAS DEMASIADO?
¡ALAS QUE VIBRAN, METALES FATIGADOS, FALLO DE TURBINAS!
¿FALLO DE TURBINAS?
¡OH, NO, ME ESTRELLO! ¿POR QUÉ NO ESCUCHÉ A DOTTIE?
¡Y POR ESO QUIERO QUE VENGAS A LA ELIMINATORIA!
¡ERES MÁS QUE INCREÍBLE!
TERMINAN EL DÍA FRENTE AL TELEVISOR...
¡Y NO SE OLVIDEN DE QUE EN DOS SEMANAS COMIENZA EL RALLY ALAS POR EL MUNDO!
EN SERIO, CREO QUE TENEMOS UNA OPORTUNIDAD.
¡SOBRE TODO SI TERMINO EL LIBRO PARA ENTONCES!
OIL
¡Y AHORA LOS 10 MEJORES ACCIDENTES AÉREOS DE TODOS LOS TIEMPOS! NÚMERO 10...
¡ME ENCANTA!
CRAASH
¡NÚMERO 9!
CRAC
¡QUÉ DOLOR!

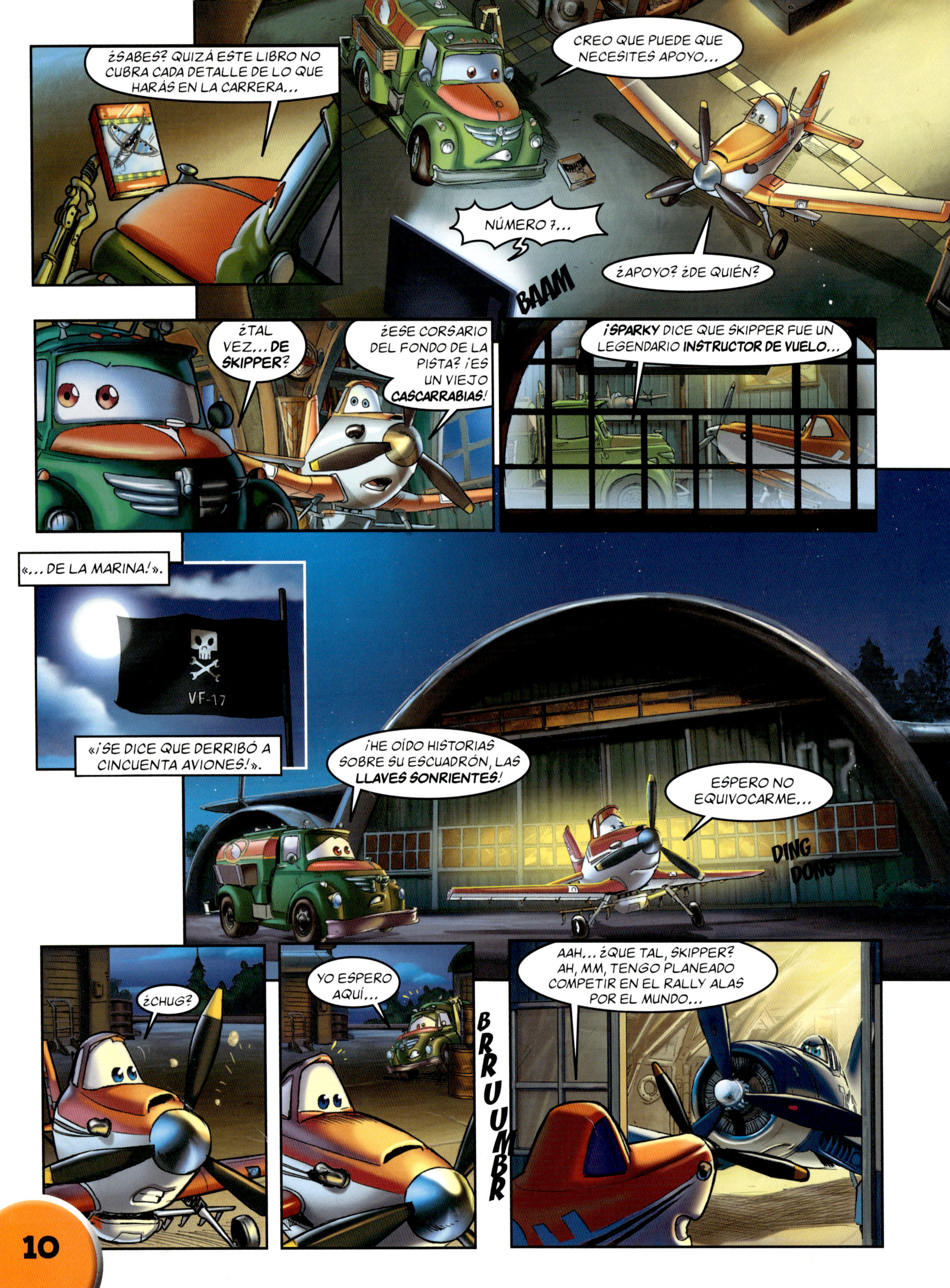
¿SABES? QUIZÁ ESTE LIBRO NO CUBRA CADA DETALLE DE LO QUE HARÁS EN LA CARRERA...
CREO QUE PUEDE QUE NECESITES APOYO...
NÚMERO 7...
BAAM
¿APOYO? ¿DE QUIÉN?
¿TAL VEZ... DE SKIPPER?
¿ESE CORSARIO DEL FONDO DE LA PISTA? ¡ES UN VIEJO CASCARRABIAS!
¡SPARKY DICE QUE SKIPPER FUE UN LEGENDARIO INSTRUCTOR DE VUELO...
«... DE LA MARINA!».
VF-17
«¡SE DICE QUE DERRIBÓ A CINCUENTA AVIONES!».
¡HE OÍDO HISTORIAS SOBRE SU ESCUADRÓN, LAS LLAVES SONRIENTES!
ESPERO NO EQUIVOCARME...
DING DONG
¿CHUG?
YO ESPERO AQUÍ...
BRRUUMBR
AAH... ¿QUE TAL, SKIPPER? AH, MM, TENGO PLANEADO COMPETIR EN EL RALLY ALAS POR EL MUNDO...

Y SÉ QUE YA NO PUEDES VOLAR, PERO... ME PREGUNTABA SI PODRÍAS...
¡CHAS!
...ENTRENARME.
¡SIGUE! ¡SE VE QUE LE SIMPATIZAS!
¡AIS!
DING DONG
DICEN QUE DERRIBASTE CINCUENTA AVIONES...
¿QUIERES SER EL NÚMERO CINCUENTA Y UNO?
¡NO! ¡ESPERA! SUPUSE QUE CON MI CORAJE Y TU GLORIA JUNTOS...
VE A CASA. ESTO NO ES PARA TI, NIÑO.
¡CHAS!
TRAFFIC CONTROL
¡USA LA PUERTA DE ATRÁS!
DÍAS DESPUÉS, EN LA **PISTA DE LA ELIMINATORIA...**
FOOD COUR
GIFTS
NO ENTIENDO CÓMO ME CONVENCISTE PARA QUE VINIERA CONTIGO.
NO SEAS AGUAFIESTAS, DOTTIE.
¡OH! UN **P-50** DE COLA ROJA!

¡MIRA! ¡UN SEA FURY!
¡FÍJATE EN ESE!
¡AVIONES Y AVIONETAS...
...DEN UNA CALUROSA BIENVENIDA A NUESTRO **INVITADO ESPECIAL!**
BRRROAAM
¡RIP-**SLING**-ER! ¡SAQUEN MI LADO BUENO!
¡CLIC!
¡CLIC!
¡CLIC!
¡CLIC!
¡CLIC!
LUEGO DE HACERSE TANTA PUBLICIDAD QUÉ GUSTO QUE SEA MODESTO...
¡DOTTIE! ¡ES **RIPSLINGER**!
¡ES EL CAPITÁN DEL EQUIPO **RPX**! LO LLAMAN... ¡... EL **TORNADO** VERDE!
Y ESOS OTROS DOS SON **NED** Y **ZED**...
¡...LOS **TURBO-GEMELOS**! ¡SON CORREDORES ESTRELLA!
VAYA...

DE LAS CUATRO ELIMINATORIAS HECHAS EN TODO EL MUNDO, ESTA ES LA ÚLTIMA.

¡LOS PRIMEROS CINCO EN TERMINAR CALIFICARÁN PARA EL RALLY ALAS POR EL MUNDO!

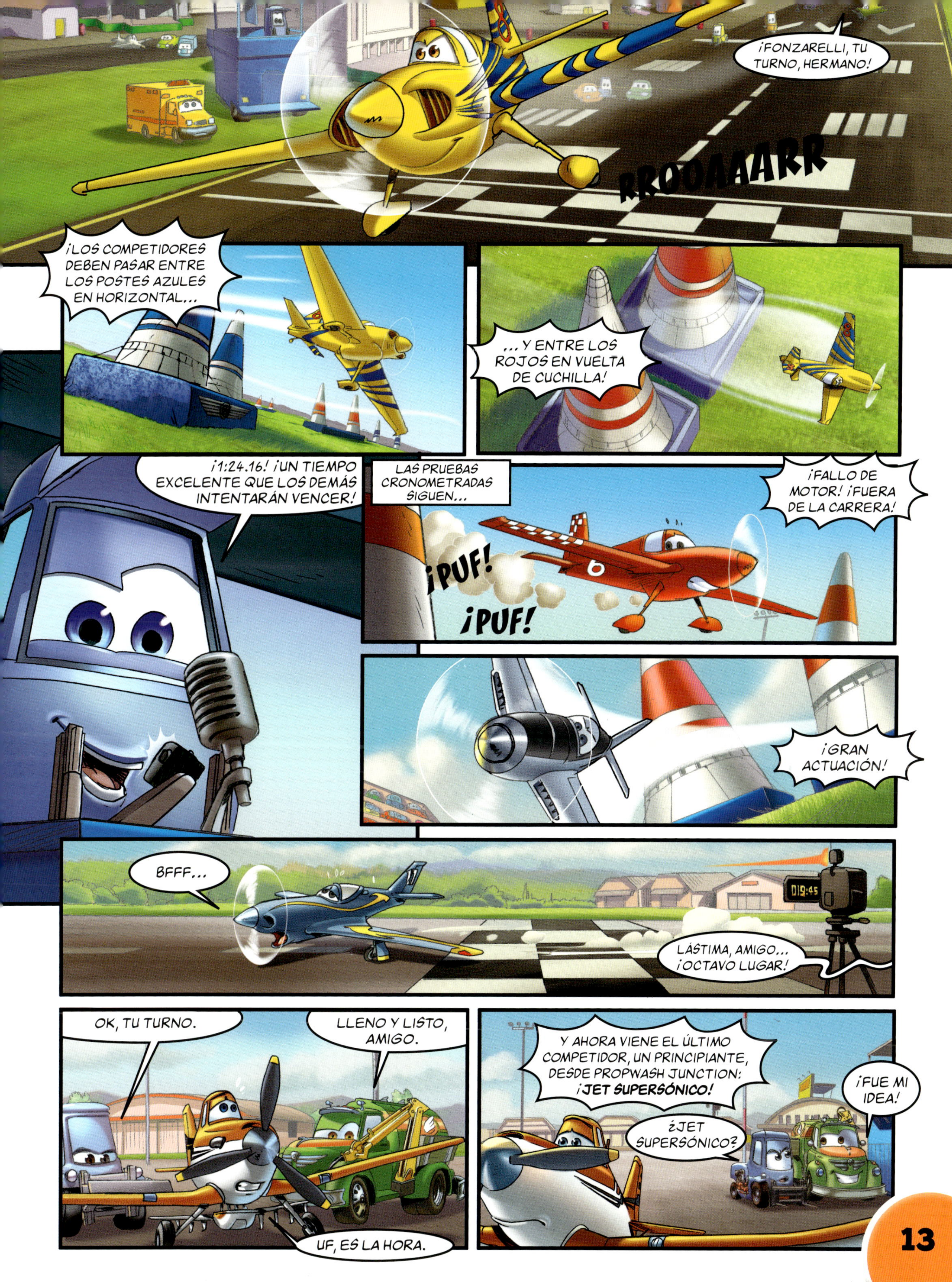
¡FONZARELLI, TU TURNO, HERMANO!
RROOAAAARR
¡LOS COMPETIDORES DEBEN PASAR ENTRE LOS POSTES AZULES EN HORIZONTAL...
...Y ENTRE LOS ROJOS EN VUELTA DE CUCHILLA!
¡1:24.16! ¡UN TIEMPO EXCELENTE QUE LOS DEMÁS INTENTARÁN VENCER!
LAS PRUEBAS CRONOMETRADAS SIGUEN...
¡FALLO DE MOTOR! ¡FUERA DE LA CARRERA!
¡PUF!
¡PUF!
¡GRAN ACTUACIÓN!
BFFF...
LÁSTIMA, AMIGO... ¡OCTAVO LUGAR!
OK, TU TURNO.
LLENO Y LISTO, AMIGO.
UF, ES LA HORA.
Y AHORA VIENE EL ÚLTIMO COMPETIDOR, UN PRINCIPIANTE, DESDE PROPWASH JUNCTION: ¡**JET SUPERSÓNICO**!
¿JET SUPERSÓNICO?
¡FUE MI IDEA!

EH, AGRICULTOR, FUERA DE LA PISTA.
¡SO-SOY JET SUPERSÓNICO!
¡ERES BUENO PARA **CULTIVAR**, NO **VOLAR**!
¿ESE GRANJERO VA A COMPETIR?
¿CON ESA HÉLICE TAN PEQUEÑA?
¡TAL VEZ LE GANE A ESE CAMIÓN DE COMBUSTIBLE OXIDADO! ¡JA, JA!
CHUG, NO TE REBAJES A SU NIVEL.
¿QUIÉN ES ESE?
¿UN FUMIGADOR?
¡VUELVE AL CAMPO!
ES SU PRIMERA APARICIÓN EN UNA ELIMINATORIA.
RROOAAARR
¡NO LE VA A SER NADA FÁCIL DESPLAZAR A FONZARELLI DEL QUINTO LUGAR!
ZUUUM
¡PRÁCTICAMENTE ESTÁ ROZANDO EL CÉSPED!
¡AL FINAL DE LA PRIMERA ETAPA ESTÁ A UN SEGUNDO DE FONZARELLI!
¡PERO GANA VELOCIDAD! ¡SOLO ESTÁ A MEDIO SEGUNDO DE FONZARELLI!
¡VAMOS, DUSTY!
¡QUÉ FINAL! ¿PERO ESTARÁ ENTRE LOS CINCO PRIMEROS?
¡EH, AMIGO! ¡HICISTE UNA GRAN CARRERA!
GRACIAS.
¡SUPERSÓNICO, **SEXTO LUGAR**! ESTUVO MUY CERCA...

«... Y CON ESO CONCLUYE LA ELIMINATORIA PARA EL RALLY ALAS POR EL MUNDO».

L DÍA SIGUIENTE...
¡TANQUE LLENO Y LISTO PARA LA AVENTURA, MAYDAY!
¡POR FAVOR, DIME QUE ESTO ES PROPWASH JUNCTION!

¡CLARO QUE SÍ!
¡COF! ¡BUSCO A JET SUPERSÓNICO!
¡YO! ¡SOY YO!

PERO LA PRONUNCIACIÓN NO ES ASÍ. EN REALIDAD SE DICE... ¡DUSTY FUMIGAVIÓN!

¿DUSTY FUMIGA-VIÓN...? ¡UY! ¿QUÉ HUELE TAN MAL?
ES VITA-MINABONO...

¡LA COMPOSTA MÁS AROMÁTICA DE ESTE LADO DEL MISISIPI!

¡LO AMO! ¡VITA-MINABONO, SÍ!
ESTE VIEJO AVIÓN NECESITA AYUDA...
SÍ...

¿SABEN ALGO DE UN ADITIVO LLAMADO NITROMETANO?
¡OH, SÍ, ESE COMBUSTIBLE SUPERJUGO!
¡ES ILEGAL!

ES MUY ILEGAL, SÍ, ¿QUÉ DECÍAS?
ESA SUSTANCIA FUE DESCUBIERTA EN EL TANQUE DEL QUINTO PUESTO, EL COMPETIDOR FONZARELLI.

¡LOS ADITIVOS ILEGALES TE **DESCALIFICAN** AL INSTANTE!
¡ESPERA! ESTÁ DICIENDO...
ÉL **SALE**, TU **ENTRAS**. FELICIDADES.
¡DUSTY **ESTÁ** EN LA CARRERA, DOTTIE!
¿QUÉ? ¿EN SERIO?
¡NUESTRO DUSTY VOLANDO POR EL MUNDO!
¡FELICIDADES, DUSTY!
¡VAS A GANAR!
CRUZARÁS OCÉANOS DE CIENTOS DE KILÓMETROS, CONGELÁNDOTE LA HÉLICE ALGÚN DÍA...
¡... Y QUEMÁNDOTELA DESPUÉS!
¡UP!
EN CASA DE DUSTY...
¡AIS!
MALA IDEA.
TENDRÁS QUE ENFRENTARTE A LOS MÁS GRANDES COMPETIDORES DEL MUNDO, Y MUCHOS NO LLEGAN A LA META.
¡NO ESTÁS HECHO PARA ESTO! ¡ERES UN FUMIGADOR!
¿CREES QUE NO LO SÉ? PERO HE VOLADO MILES DE KILÓMETROS... ¡Y JAMÁS HE IDO **A NINGÚN LADO**!
YO SOLO QUIERO PROBAR QUE QUIZÁ PUEDO HACER **MÁS** DE LO QUE SUPONEN QUE SOY.

CERO QUINIENTAS HORAS MAÑANA. NO LLEGUES TARDE.
¡SÍ, SÍ!
¿EH? ¿CERO QUINIENTAS HORAS?
SÍ...
«¡...5.00 A. M.!».
RECUERDA... NO IMPORTA SI VUELAS **RÁPIDO**, SINO **CÓMO** VUELAS RÁPIDO.
¡ENTENDIDO!
¿QUIERES VELOCIDAD, NO?
¡SÍ!
¿VES ESAS NUBES? ¡SON **LA AUTOPISTA DEL CIELO**!
¡VIENTOS TRASEROS COMO NUNCA ANTES HAS SENTIDO! ¿A QUÉ ESPERAS?
¡ADELANTE! **¡SIGUE SUBIENDO!**
¡EH! ¿QUÉ HACES?
DIME QUÉ ACABA DE PASAR.
YO... ME QUEDÉ SIN COMBUSTIBLE.
Continuará...

Pasatiempo

¡ARTES MARCIALES!

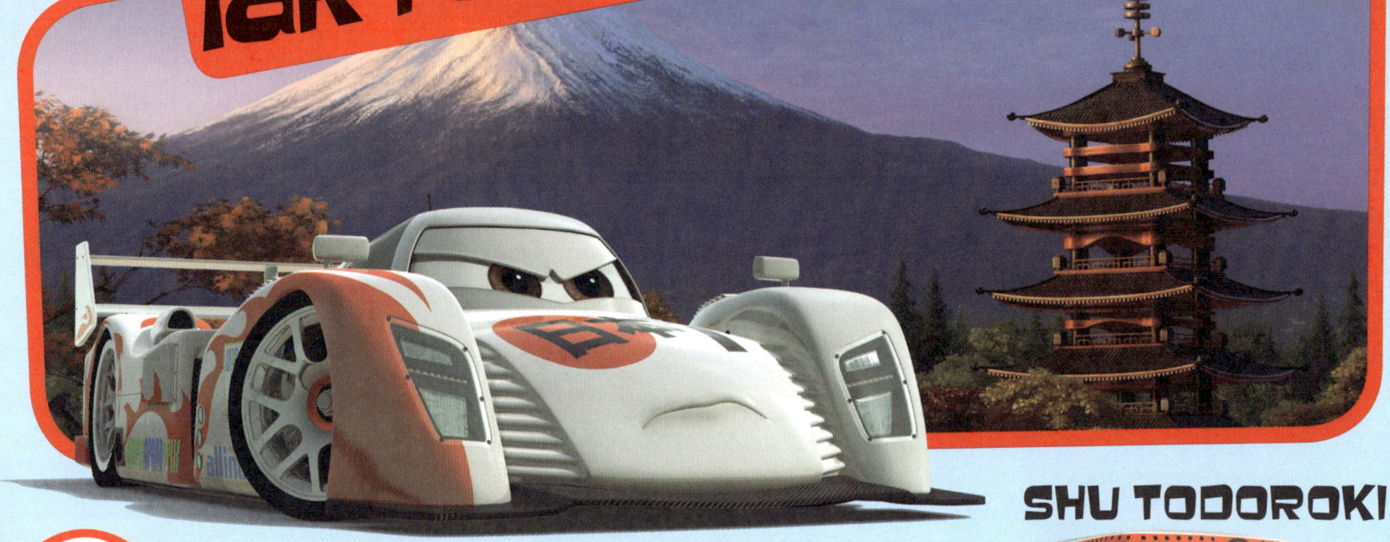

SHU TODOROKI

1 GOLPE KARATECA

ESTA SECUENCIA DE BLOQUES APARECE TRES VECES EN LA SIGUIENTE CUADRÍCULA: UNA VEZ EN HORIZONTAL, UNA EN VERTICAL Y OTRA EN DIAGONAL. ENCUÉNTRALAS Y RODÉALAS CON UN CÍRCULO EN LÁPIZ PARA QUE LUEGO PUEDAS PARTIRLAS CON TRES GOLPES KARATECAS PERFECTOS.

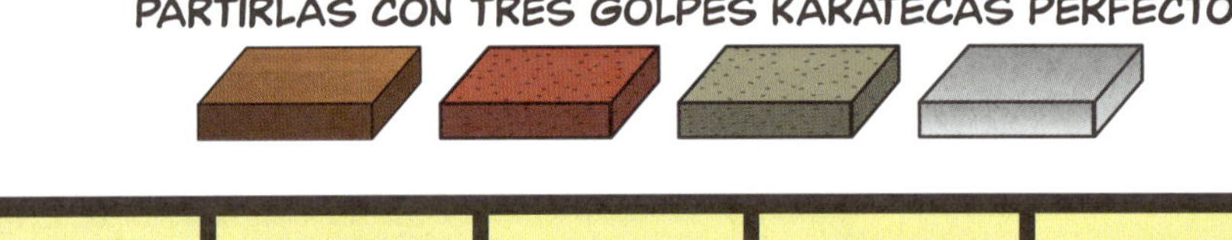

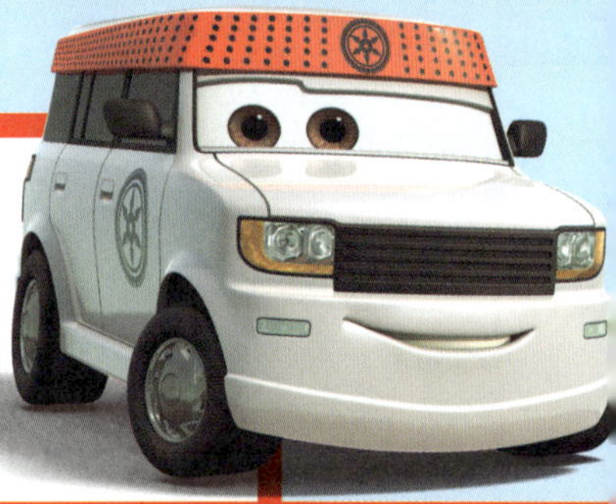

DIADEMA KARATECA

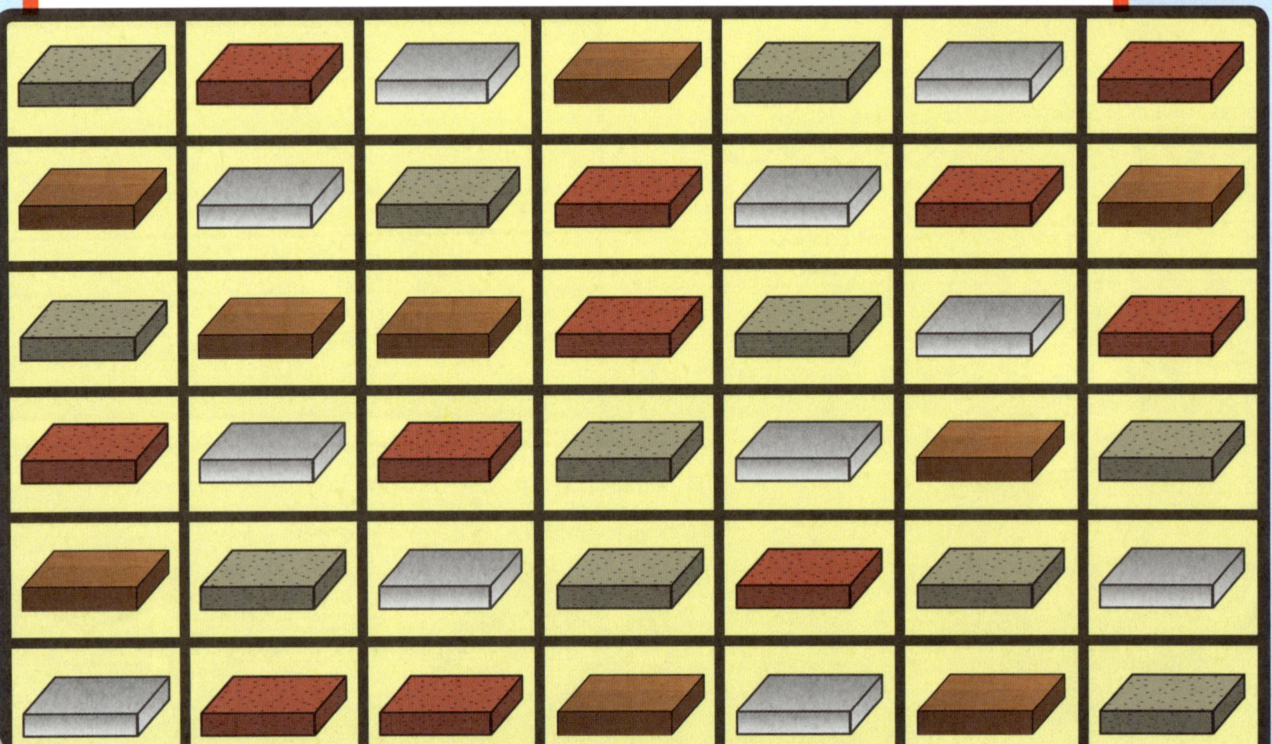

Solución en la página 171

2 LUCHA DE SUMO

PARA DOS JUGADORES. NECESITARÁN UNA MONEDA.
OBJETIVO: GANAR LA LUCHA DE SUMO.
POR TURNOS, DEBEN LANZAR LA MONEDA UN TOTAL DE CINCO VECES CADA UNO. ANOTEN 1 PUNTO POR CADA «CARA» QUE SALGA Y 2 PUNTOS POR CADA «CRUZ». DESPUÉS DE COMPLETAR LOS CINCO TURNOS CUENTEN LOS PUNTOS. GANA EL JUGADOR CON LA MAYOR PUNTUACIÓN.

KIMURA KAIZO

KINGPIN NOBUNAGA

PINION TANAKA

PUNTOS DE KINGPIN

PUNTOS DE PINION

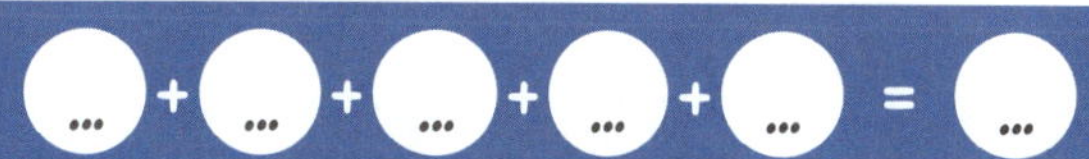

3 LABERINTO ZEN

MEJORA TU CONCENTRACIÓN. ATRAVIESA ESTE LABERINTO CREADO POR EL MAESTRO ZEN.

INICIO

MAESTRO ZEN

FINAL

Pasatiempo

ADORO JAPÓN

1 ESTILO JAPONÉS

OBSERVA LAS DOS ESCENAS SIGUIENTES. ¡ENCUENTRA LAS SIETE DIFERENCIAS QUE HAY ENTRE ELLAS Y MÁRCALAS EN LÁPIZ!

Solución en la página 171

2 MAESTRO DE SUSHI

SELECCIONA LOS INGREDIENTES QUE LLEVA CADA PLATO DE SUSHI DE ENTRE LOS SIETE SIGUIENTES, Y ANÓTALOS ABAJO.

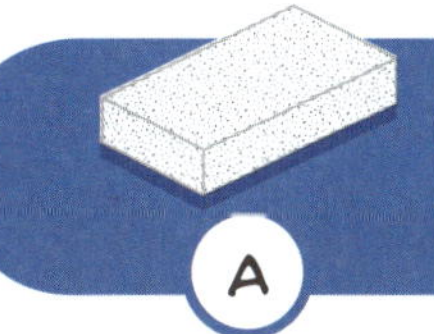
A
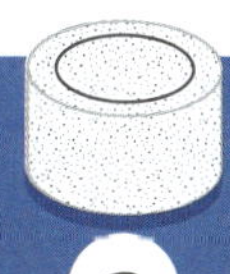
B
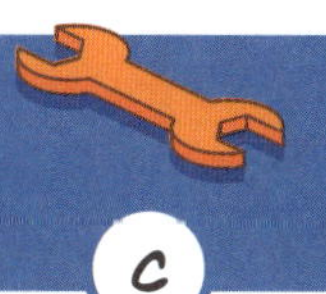
C

D

E
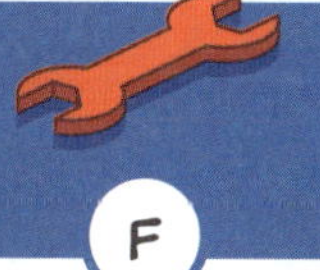
F

G

1 D ...

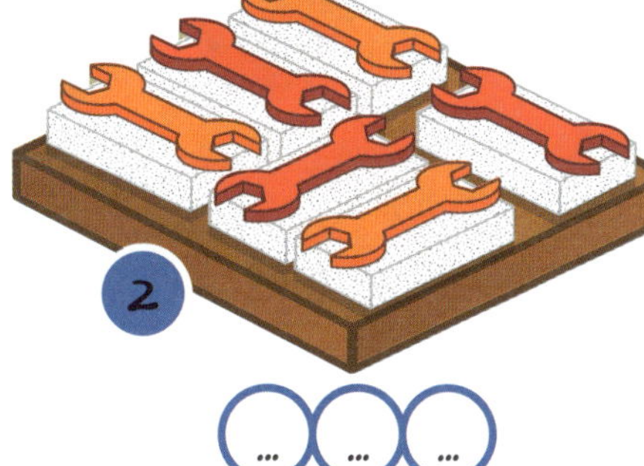
2 ... ...

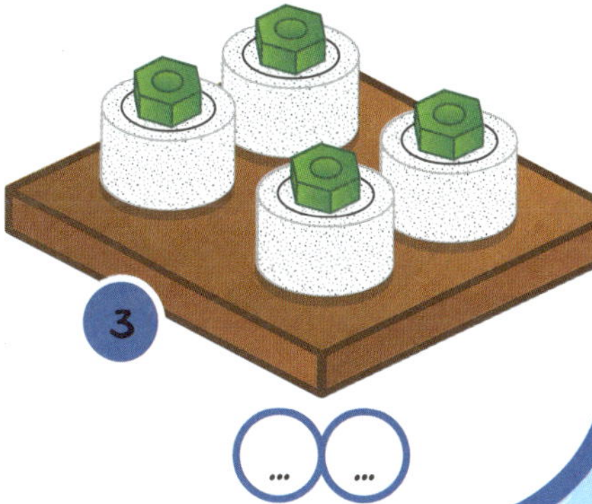
3 ... ...

3 CARTELES ROTOS EN TOKIO

EN ESTA ESCENA DE CARTELES PUBLICITARIOS FALTAN CINCO FRAGMENTOS. ¡COLÓCALOS CORRECTAMENTE!

1

2

3

4

5

Solución en la página 171

DINOS EN JUEGO

Los dinosaurios se divierten con un juego prehistórico. ¡Relaciona cada uno con su sombra antes de que se extingan! ¿Qué dinosaurio no tiene sombra?

Solución en la página 171

LABERINTO MONSTRUOSO

A Chunk y a Sparky les gusta corretear por la Guardería Sunnyside. Ayúdalos a atravesar el laberinto y llegar hasta Lotso.

Solución en la página 171

TEST DE SUNNYSIDE

Los juguetes se hacen preguntas sobre el tiempo que pasaron en Sunnyside. Ponte a prueba con este cuestionario.

1
¿Cuál no es miembro de la pandilla de Lotso?
A) Sr. Cara de Papa
B) Bebote
C) Stretch

2
¿Cómo se llama la sala de juego de los niños más pequeños?
A) Salón Mariposas
B) Salón Polillas
C) Salón Orugas

3
¿Cuál es el nombre completo de Lotso?
A) Lotso Cariñoso
B) Lotso Amoroso
C) Lotso Mimoso

Solución en la página 171

Colorea
PINTA AL VAQUERO
Woody quiere jugar. Dibuja una escena de vaqueros detrás de Woody y píntalo para que pueda empezar a divertirse.
¡A JUGAR!
¡MISIÓN CUMPLIDA!
PÍNTALO CUANDO ACABES.

¡DALE COLOR!

Colorea

¡MISIÓN CUMPLIDA!

PÍNTALO CUANDO ACABES.

ALTA COSTURA

FIN

Solución en la página 171

2 La broma de siempre

MATE Y RAYO HAN VUELTO A IR A VOLCAR TRACTORES. NUMERA DEL 1 AL 6 LOS SIGUIENTES DIBUJOS PARA ORDENARLOS DE MODO QUE MUESTREN CÓMO SE VUELCA UN TRACTOR. EL PRIMERO ESTÁ HECHO COMO EJEMPLO.

A 1

B

C

D

E

F 6

3 ¡Cada uno recibe lo que da!

ESTA VEZ LES HAN GASTADO UNA BROMA A MATE Y A RAYO, MEZCLANDO LOS TORNILLOS DE LAS VÁLVULAS DE SUS TUBOS INTERNOS CON LOS SIGUIENTES. FÍJATE EN LOS ORIGINALES Y ENCUENTRA 4 DE CADA TIPO.

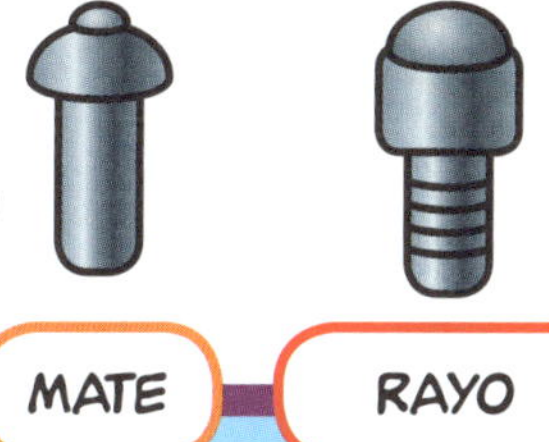

MATE RAYO

Solución en la página 171

Colorea
Materhosen
DALE COLOR A ESTA ESCENA.
¡INSPÍRATE EN ESTE DIBUJO O
DEJA VOLAR TU IMAGINACIÓN!
¡TÚ ELIGES!

LOS TONOS DE GREM

Colorea

NECESITARÁS ESTOS COLORES:

ARENA

NARANJA CLARO

NARANJA

VERDE

MARRÓN

GRIS OSCURO

GRIS CLARO

PRUEBAS ACROBÁTICAS

1 EL VIENTO:

ANTES DE DESPEGAR SE ACONSEJA COMPROBAR EL VIENTO. LAS MANGAS DE VIENTO A, B Y C SON ALGO DISTINTAS A LA ORIGINAL. ENCUENTRA LAS DIFERENCIAS Y MÁRCALAS EN LÁPIZ.

2 PEQUEÑO GRAN AVIÓN:

¡DUSTY SE ACERCA! EMPEZANDO POR EL DIBUJO A, ORDÉNALOS DEL 1 AL 6 TENIENDO EN CUENTA QUE CUANTO MÁS SE ACERCA, MÁS GRANDE ES.

Solución en la página 171

3
CARRERA AÉREA: ¡TIEMPO INCREÍBLE! SIGUE LAS RUTAS DE DUSTY Y SUS CONTRINCANTES HASTA LA LÍNEA DE META Y VE SUMANDO LOS PUNTOS QUE VEAS. CLASIFÍCALOS SEGÚN LAS PUNTUACIONES.
A DUSTY
B EL CHUPACABRA
C RIPSLINGER
1
2
1
3
1
2
1
3
1
...
...
...
Solución en la página 171

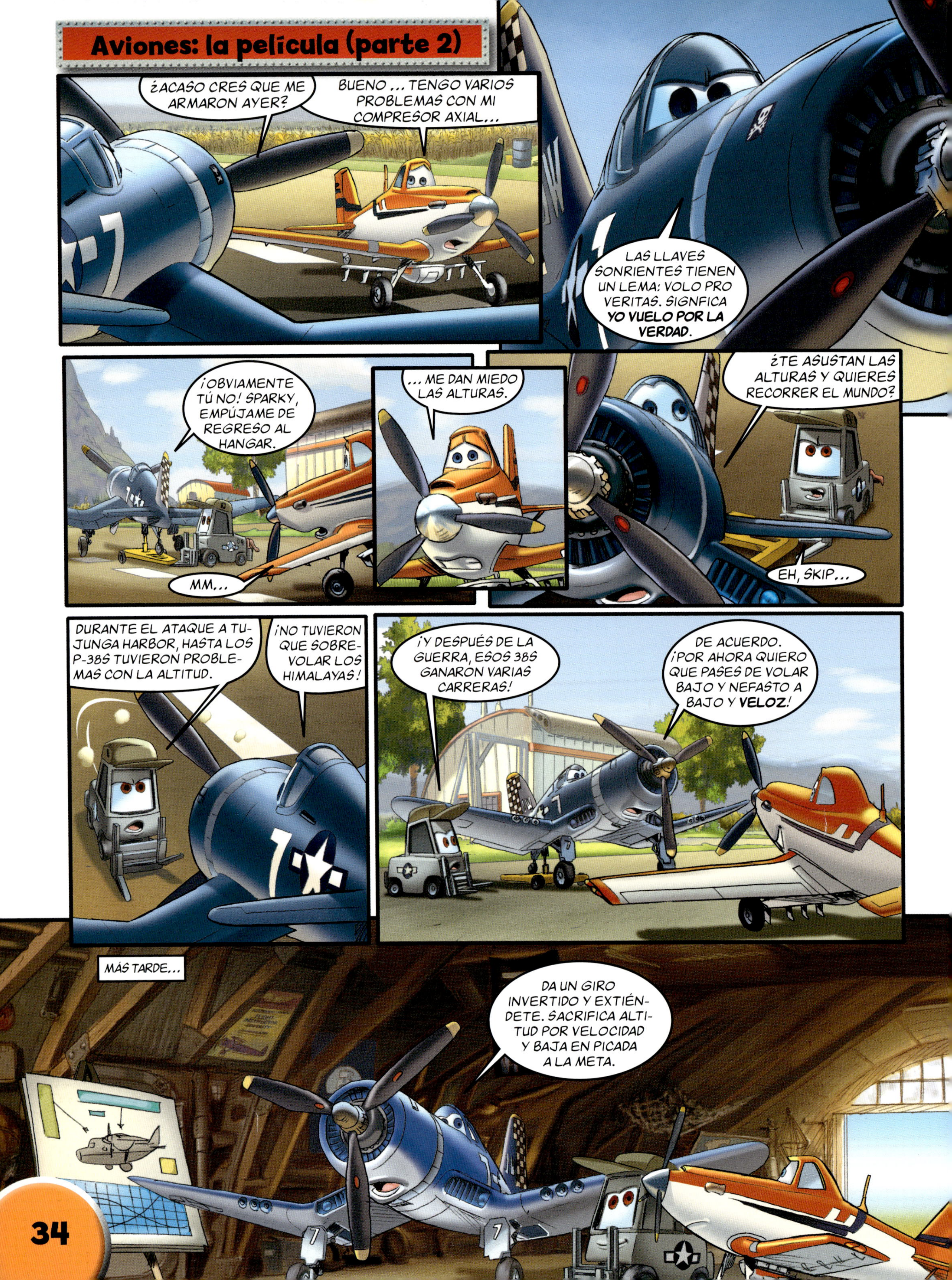

Aviones: la película (parte 2)
¿ACASO CRES QUE ME ARMARON AYER?
BUENO ... TENGO VARIOS PROBLEMAS CON MI COMPRESOR AXIAL...
LAS LLAVES SONRIENTES TIENEN UN LEMA: VOLO PRO VERITAS. SIGNFICA **YO VUELO POR LA VERDAD.**
¡OBVIAMENTE TÚ NO! SPARKY, EMPÚJAME DE REGRESO AL HANGAR.
MM...
... ME DAN MIEDO LAS ALTURAS.
¿TE ASUSTAN LAS ALTURAS Y QUIERES RECORRER EL MUNDO?
EH, SKIP...
DURANTE EL ATAQUE A TUJUNGA HARBOR, HASTA LOS P-38S TUVIERON PROBLEMAS CON LA ALTITUD.
¡NO TUVIERON QUE SOBREVOLAR LOS HIMALAYAS!
¡Y DESPUÉS DE LA GUERRA, ESOS 38S GANARON VARIAS CARRERAS!
DE ACUERDO. ¡POR AHORA QUIERO QUE PASES DE VOLAR BAJO Y NEFASTO A BAJO Y **VELOZ**!
MÁS TARDE...
DA UN GIRO INVERTIDO Y EXTIÉNDETE. SACRIFICA ALTITUD POR VELOCIDAD Y BAJA EN PICADA A LA META.

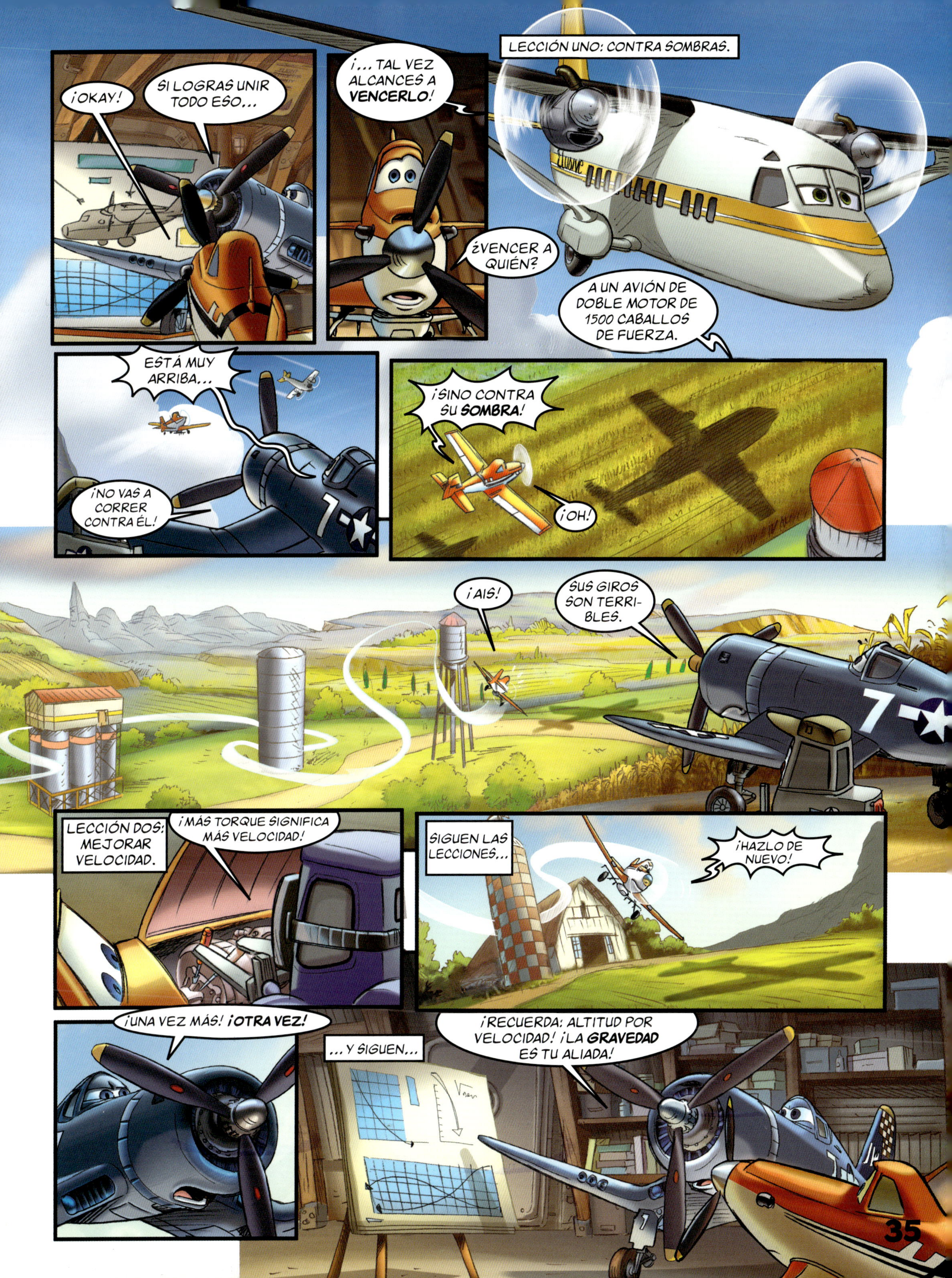
¡OKAY!
SI LOGRAS UNIR TODO ESO...
¡... TAL VEZ ALCANCES A **VENCERLO**!
¿VENCER A QUIÉN?
LECCIÓN UNO: CONTRA SOMBRAS.
A UN AVIÓN DE DOBLE MOTOR DE 1500 CABALLOS DE FUERZA.
ESTÁ MUY ARRIBA...
¡NO VAS A CORRER CONTRA ÉL!
¡SINO CONTRA SU **SOMBRA**!
¡OH!
¡AIS!
SUS GIROS SON TERRIBLES.
LECCIÓN DOS: MEJORAR VELOCIDAD.
¡MÁS TORQUE SIGNIFICA MÁS VELOCIDAD!
SIGUEN LAS LECCIONES...
¡HAZLO DE NUEVO!
¡UNA VEZ MÁS! **¡OTRA VEZ!**
...Y SIGUEN...
¡RECUERDA: ALTITUD POR VELOCIDAD! ¡LA **GRAVEDAD** ES TU ALIADA!

...HASTA...
¡POTENCIA AL MÁXIMO!
ZZZOOOU
¡UOOO!
¡LO HAS LOGRADO, DUSTY!
¡ESTÁ LISTO!
«SOLO LE FALTA UNA COSA...».
¡IMPRESIONANTE!
¡EL PISTÓN Y LAS LLAVES CRUZADAS! ¡LA INSIGNIA DE TU ESCUADRÓN!
¡TE LA MERECES!
LLÁMAME CUANDO LLEGUES A LOS PUESTOS DE CONTROL.
¡ESTAMOS ORGULLOSOS DE TI!
OJALÁ VINIERAS CONMIGO, SKIP.
¡VOLANDO A NUEVA YORK!
¡ATENCIÓN, COMPETIDOR NÚMERO 7! AQUÍ TORRE DE CONTROL KENNEDY. CAMBIO.
EH... SOY DUSTY FUMIGAVIÓN, EN BUSCA DEL AEROPUERTO JFK.
FUMIGADOR, GIRA A LA IZQUIERDA EN DIRECCIÓN 195. MANTÉNGASE A 1000 PIES...
¿QUÉ...? ¡NO IMPORTA! ¡YA LOS VI!
¡AH, ESTO SÍ ES PAVIMENTO! ¡QUÉ LISO!
ZUD

DISCULPE. BUSCO EL ÁREA DE PITS...
NO ESTORBES, ESTOY TRABAJANDO.
AL FONDO A LA IZQUIERDA.
BIENVENIDOS COMPETIDORES
¡OH!
¡BIEN, MIREN QUIÉN LLEGÓ!
¡GRACIAS!
¿BULLDOG? ¿VIENES DE LA COPA EUROPEA?
¡TE VI REALIZAR EL GIRO VERTICAL CERRADO! ¿CÓMO LO HICISTE?
¿POR QUÉ NO TE CUENTO TODOS MIS SECRETOS?
¡ESTO ES UNA COMPETENCIA! ¡CADA AVIÓN SE DEFIENDE SOLO!
SÍ... CLARO.
¡EH! ¡ERES LA CAMPEONA PANASIÁTICA DE LA COPA MUMBAI ACTUAL, ISHANI!
MUCHOS ME LLAMAN SOLO ISHANI.
¡SOY DUSTY! ¡Y ME DICEN DUSTY! ¡QUÉ COINCIDENCIA!
ES UN VERDADERO PLACER, DUSTY, QUÉ COINCIDENCIA.
¡LO MISMO DIGO! ¡QUÉ BONITA HÉLICE!

EH, ¿QUIÉN TENEMOS AQUÍ? ¡ES EL FUMIGADOR!
HOLA, RIP...
UNA HISTORIA CONMOVEDORA. DE UN PUEBLO PEQUEÑO LLEGA VOLANDO A LA CIMA.
¡SÍ, SEÑOR!
¡PERO POR DESGRACIA **SE ESTRELLA** AL DESPEGAR!
¿QUÉ?
SUERTE, GRANJERO.
¡ATENCIÓN, SEÑORES Y SEÑORITAS!
¡EL HÉROE DEL PUEBLO HA LLEGADO! ¡SOY **EL CHUPACABRA**!
¿QUIÉN?
ES EL CAMPEÓN DE CARRERAS EN INTERIORES DE MÉXICO.
¿EN **INTERIORES**?
¡Y EL NÚMERO UNO EN VENTA DE DISCOS, ESTRELLA DE TELENOVELA Y NOVELISTA DE ROMANCES!
¿DIJERON EL CHUPACABRA O **EL LOCO-CABRA**?
¿TE **BURLAS**?
¡TE VI CORRER EN TELEMOTO HACE UN AÑO!
¡JE, JE!
AUNQUE LO VI EN PORTUGUÉS ASÍ QUE NO ENTENDÍ CASI NADA.
HAS HECHO MUCHAS CARRERAS DE LARGA DISTANCIA, ¿NO, **AVIÓN PEQUEÑO**?
NO, ES MI PRIMERA VEZ.
¡IGUAL QUE YO!

¡TENDREMOS MUCHAS AVENTURAS TÚ Y YO! **REIREMOS, LLORAREMOS Y BAILAREMOS!**
¡AH, UAU!
PERO NO CREO QUE JUNTOS, CLARO.
COMPRENDO.
¡TE VERÉ EN LOS CIELOS, AMIGO!
¡LLEGÓ EL GRAN DÍA!
WINGS GLOBE
¡BIENVENIDOS AL RALLY ALAS POR EL MUNDO! ¡SOY **BRENT MUSTANGBURGER**!
¡CADA ETAPA TRAE UN NUEVO DESAFÍO, QUE PONDRÁ A PRUEBA SU AGILIDAD, NAVEGACIÓN Y RENDIMIENTO!
TS NETWORK
¡COLIN ALERÓN INFORMA EN VIVO SOBRE EL AEROPUERTO **JFK**!
¡BRENT, LLEGAN COMPETIDORES DE TODO EL MUNDO!
¡PERO TODOS QUIEREN SABER QUIÉN LLEGARÁ DETRÁS DEL TRES VECES CAMPEÓN DEL MUNDO, **RIPSLINGER**!
¡LOS CORREDORES SE ABREN PASO HACIA LA PISTA!
¡ES DUSTY!
¡DUSTY! ¡UOOO!
COMPREN FIGURAS CABEZONAS DE DUSTY, GUANTES PARA HORNO, GORROS, CALCOMANÍAS...
¡POR PRIMERA VEZ TENEMOS UN **FUMIGADOR** EN LA CARRERA!
¡GRANDES AVIONETAS!
¡DUSTY! ¡POR AQUÍ!

¿UN FUMI-
GADOR?
LO HARÁN
TRIZAS.

¡RIPSLINGER!
¡RIPSLINGER!
RIPSLINGER
¡SÍ!
¡ÚNANSE AL
TORBELLINO!

¡MUCHAS
GRACIAS!

UAU,
ESTO ESTÁ
LLENO...
CONCÉNTRATE,
AMIGO. NO
DEJES QUE
NADA TE
DISTRAIGA...

¡... AY!
¿QUIÉN ES ESA
BELLEZA?
ES **CAROLINA
SANTOS -DUAVIÃO**,
GANADORA DEL
RALLY DE BRASIL.

ES UN ÁNGEL
ENVIADO DEL
CIELO...
COMPETIDORES,
ENCIENDAN
MOTORES.

¡MÁS DE 31 000 KM,
LAS MONTAÑAS MÁS ALTAS
DEL MUNDO Y LOS OCÉANOS
MÁS PROFUNDOS LOS
ESTÁN AGUARDANDO!
BRUUUM

¡YA!
¡UH! ¡TURBU-
LENCIAS!
RROOOAARR

LA PRIMERA
ETAPA ES
TREMENDA...

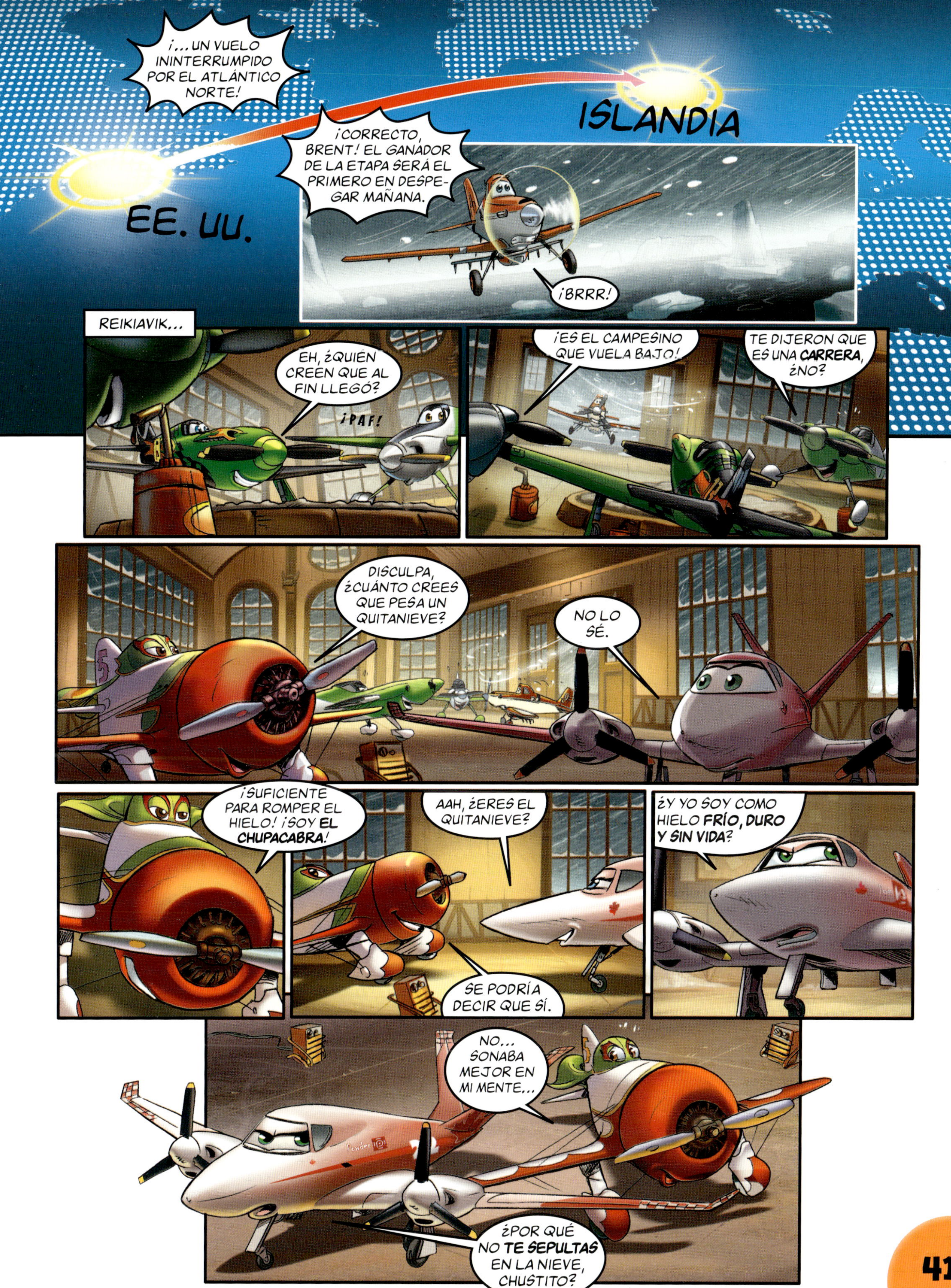
¡... UN VUELO ININTERRUMPIDO POR EL ATLÁNTICO NORTE!
ISLANDIA
EE. UU.
¡CORRECTO, BRENT! EL GANADOR DE LA ETAPA SERÁ EL PRIMERO EN DESPEGAR MAÑANA.
¡BRRR!
REIKIAVIK...
EH, ¿QUIÉN CREEN QUE AL FIN LLEGÓ?
¡PAF!
¡ES EL CAMPESINO QUE VUELA BAJO!
TE DIJERON QUE ES UNA **CARRERA**, ¿NO?
DISCULPA, ¿CUÁNTO CREES QUE PESA UN QUITANIEVE?
NO LO SÉ.
¡SUFICIENTE PARA ROMPER EL HIELO! ¡SOY **EL CHUPACABRA**!
AAH, ¿ERES EL QUITANIEVE?
SE PODRÍA DECIR QUE SÍ.
¿Y YO SOY COMO HIELO **FRÍO, DURO Y SIN VIDA**?
NO... SONABA MEJOR EN MI MENTE...
¿POR QUÉ NO **TE SEPULTAS** EN LA NIEVE, CHUSTITO?

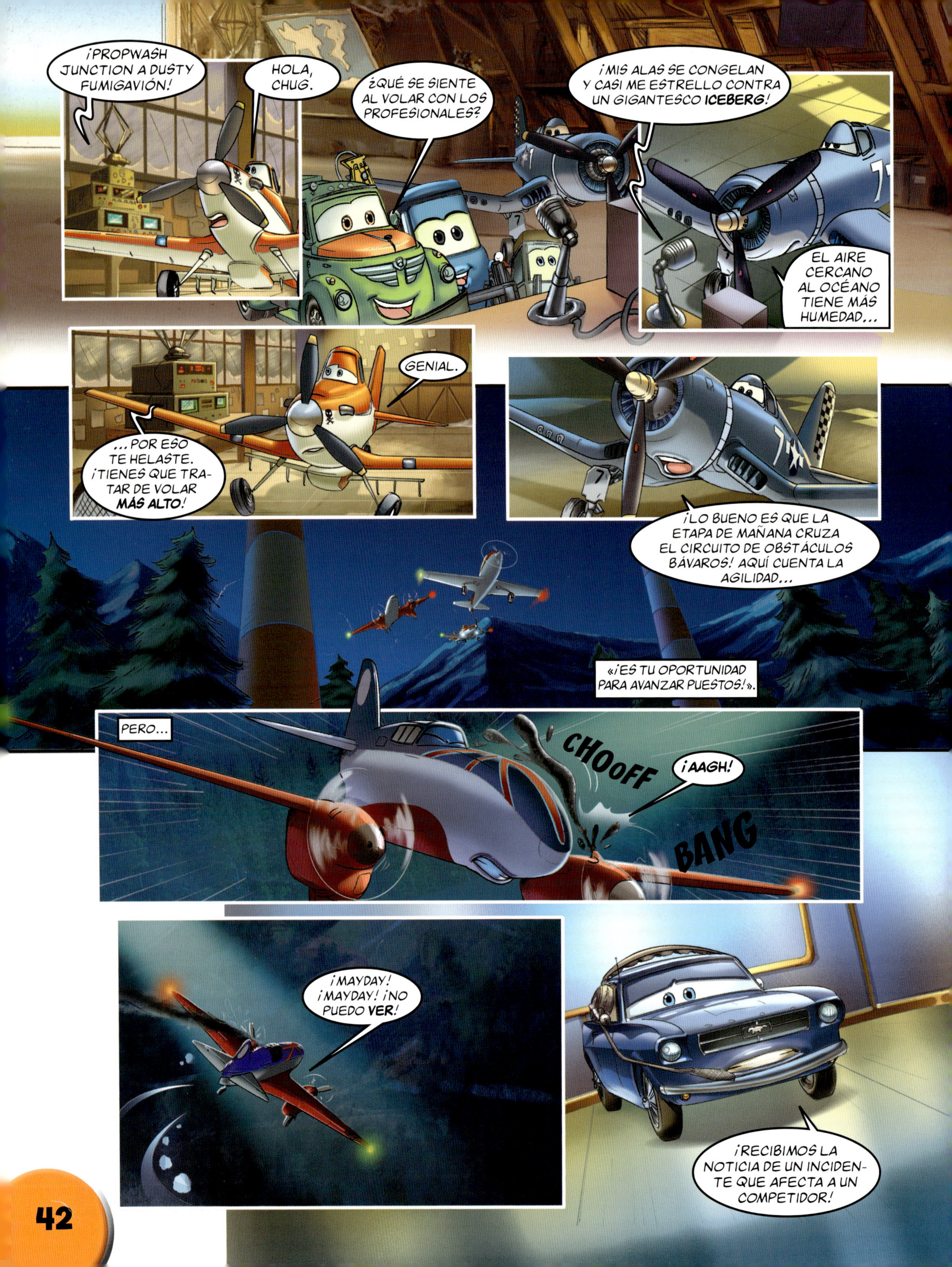

¡PROPWASH JUNCTION A DUSTY FUMIGAVIÓN!
HOLA, CHUG.
¿QUÉ SE SIENTE AL VOLAR CON LOS PROFESIONALES?
¡MIS ALAS SE CONGELAN Y CASI ME ESTRELLO CONTRA UN GIGANTESCO **ICEBERG**!
EL AIRE CERCANO AL OCÉANO TIENE MÁS HUMEDAD...
... POR ESO TE HELASTE. ¡TIENES QUE TRATAR DE VOLAR **MÁS ALTO**!
GENIAL.
¡LO BUENO ES QUE LA ETAPA DE MAÑANA CRUZA EL CIRCUITO DE OBSTÁCULOS BÁVAROS! AQUÍ CUENTA LA AGILIDAD...
«¡ES TU OPORTUNIDAD PARA AVANZAR PUESTOS!».
PERO...
CHOOFF
¡AAGH!
BANG

¡SÍ, BRENT! ¡BULLDOG, EL AVIÓN DEL **REINO UNIDO**, ESTÁ EN GRAN **PELIGRO**!

¡PARECE QUE VUELA **A CIEGAS**!
¡NECESITO AYUDA! ¿HAY ALGUIEN?

¡ESPEREN! ¡EL FUMIGA-VIÓN SE ACERCA A ÉL!
¿QUÉ HACE?

¡BULLDOG! ¡SUBE TU ALERÓN IZQUIERDO!
OKAY

AHÍ, BASTA. AHORA, ENDE-RÉZATE...
¡UH! **¡CASTILLO ENORME!**

GRUUUAM
¡SUBE, **GIRA A LA DERECHA**!

¿SIGUES AHÍ?
AQUÍ ESTOY. VOLARÉ A TU LADO.

AEROPUERTO DE MÚNICH...
¡ACHTUNG! ¡DESPEJEN LA PISTA!

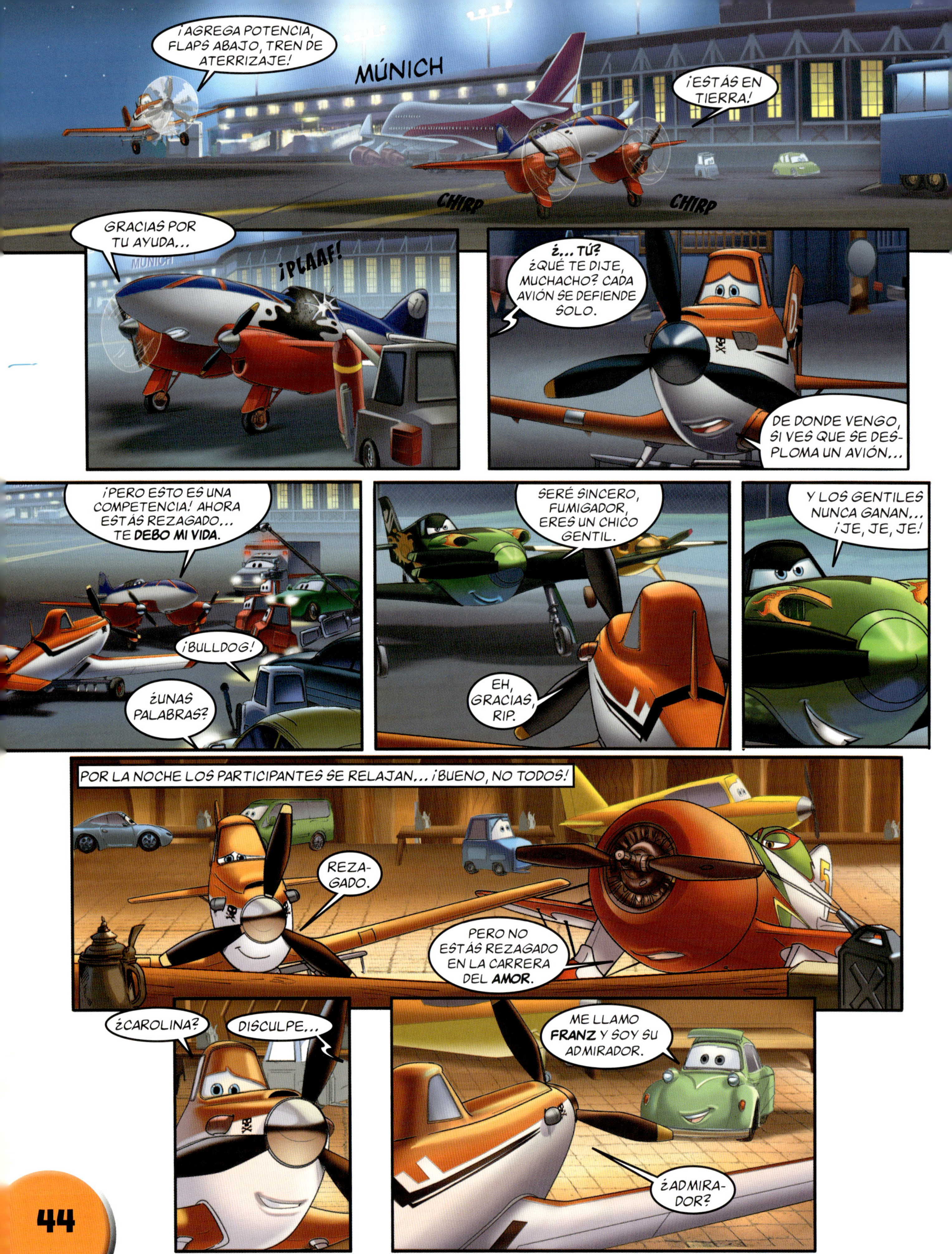

¡AGREGA POTENCIA, FLAPS ABAJO, TREN DE ATERRIZAJE!

MÚNICH

¡ESTÁS EN TIERRA!

CHIRP

CHIRP

GRACIAS POR TU AYUDA...

MÚNICH

¡PLAAF!

¿... TÚ? ¿QUÉ TE DIJE, MUCHACHO? CADA AVIÓN SE DEFIENDE SOLO.

DE DONDE VENGO, SI VES QUE SE DESPLOMA UN AVIÓN...

EL ÚNICO. SOLO QUIERO DECIRLE **DANKE** POR REPRESENTARNOS A LOS AVIONES PEQUES.

PERO ERES UN AUTO.
¡JA, PERO SOY UN FLUGZEUGAUTO, UN **AUTO VOLADOR**!
¡GUTEN TAG, HERR DUSTY! ¡YO SOY **VON FLIEGENHOSEN**!
CLANC

¿NO DIJISTE QUE TE LLAMAS FRANZ?
FRANZ ES EL QUE ESTÁ A CARGO CUANDO PASEAMOS POR LOS EMPEDRADOS.

¡EN EL AIRE, YO MANDO!
ESTE SUJETO NECESITA UNA REVISIÓN DE CONTROLES...

TENGO UNA HUMILDE SUGERENCIA. ¿NO VOLARÍAS MÁS RÁPIDO SIN ESOS TUBOS Y EL TANQUE?

¿MI ROCIADOR?
JA, ¿POR QUÉ CARGAR ESE PESO EXTRA?
EL AUTO CHIFLADO TIENE RAZÓN.

POR LA NOCHE...
ESTO ES REVERSIBLE, ¿VERDAD?
DRIIIL
FOOORRR

EL DÍA SIGUIENTE...
¡OOOH! GRACIAS POR TODO, FRANZ... MM, VON FLIEGENHOSEN.
¡FANTÁSTICO!
¡GUTEN SUERTE, HERR DUSTY!

EL RALLY CONTINÚA...
ES NUESTRA TERCERA ETAPA Y YA HEMOS PERDIDO A VARIOS COMPETIDORES DEBIDO A FALTAS MECÁNICAS.

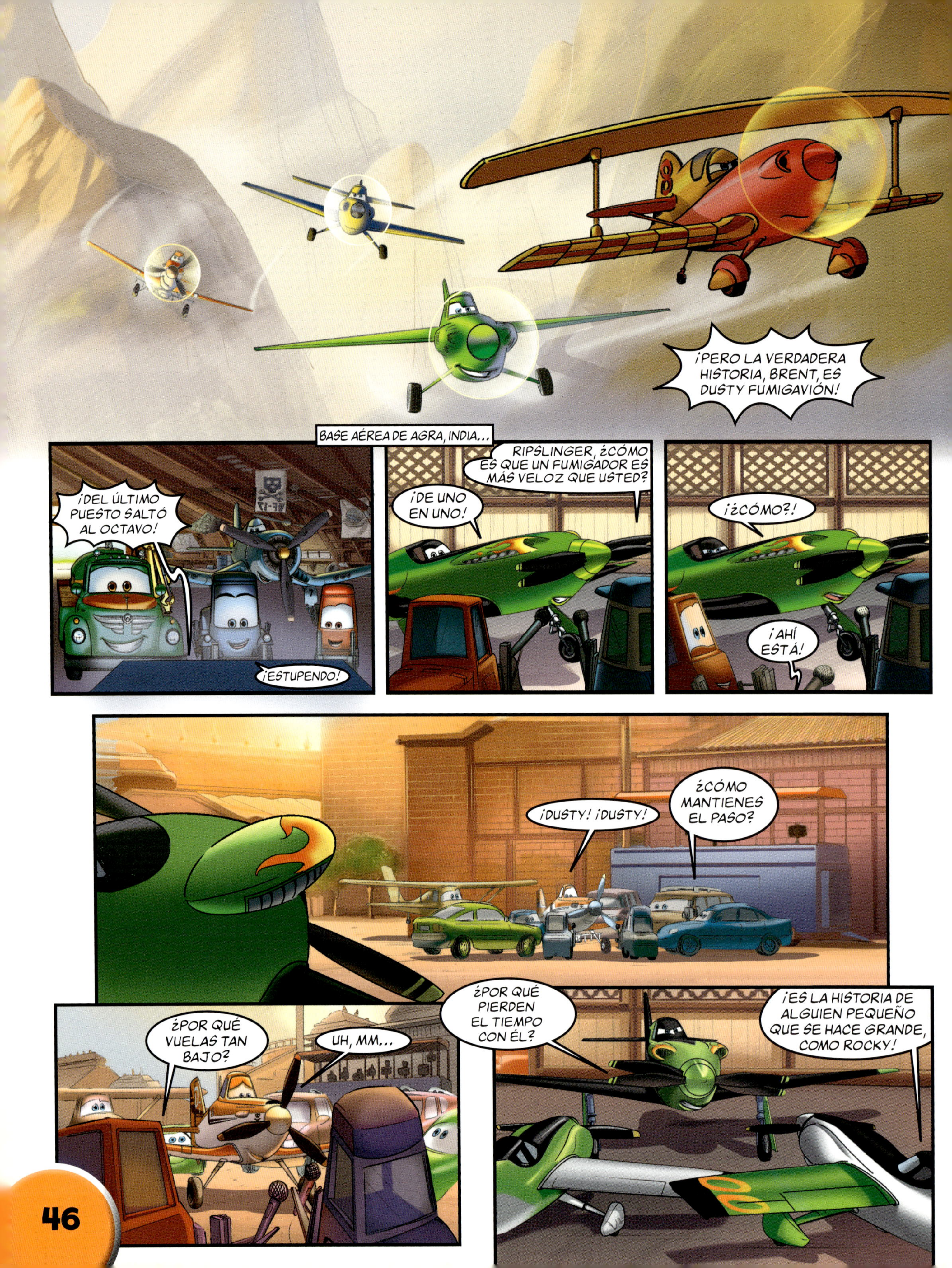

¡PERO LA VERDADERA HISTORIA, BRENT, ES DUSTY FUMIGAVIÓN!
BASE AÉREA DE AGRA, INDIA...
¡DEL ÚLTIMO PUESTO SALTÓ AL OCTAVO!
¡ESTUPENDO!
RIPSLINGER, ¿CÓMO ES QUE UN FUMIGADOR ES MÁS VELOZ QUE USTED?
¡DE UNO EN UNO!
¡¿CÓMO?!
¡AHÍ ESTÁ!
¡DUSTY! ¡DUSTY!
¿CÓMO MANTIENES EL PASO?
¿POR QUÉ VUELAS TAN BAJO?
UH, MM...
¿POR QUÉ PIERDEN EL TIEMPO CON ÉL?
¡ES LA HISTORIA DE ALGUIEN PEQUEÑO QUE SE HACE GRANDE, COMO ROCKY!

LA MAÑANA SIGUIENTE...

¿TIENEN ALGO NUEVO?

AHORA VENDO ESTAS ORIGINALES TAZAS CONMEMORATIVAS DE DUSTY...

AQUÍ DUSTY FUMIGAVIÓN LLAMANDO A PROPWASH JUNCTION, CAMBIO.
DUSTY, MAÑANA HAY UNA ETAPA DECISIVA.
¡INCREÍBLE! ¡LOS PORTENTOSOS **HIMALAYAS**!
SKIP, IMAGINA QUE ALGUIEN QUISIERA VOLAR ENTRE LAS MONTAÑAS Y NO POR ENCIMA.
MALA IDEA.
EL VIENTO QUE SOPLA SOBRE LOS PICOS PUEDE ALTERAR LOS ROTORES Y ARRASTRARTE.
ES HORA DE MOSTRAR VALOR. PUEDES VOLAR MÁS ALTO DE LO QUE CREES.
ENTENDIDO.
¡HOLA, CORAZÓN! ¿ESTÁS CANSADA?
¿QUÉ?
PORQUE ESTUVISTE VOLANDO EN MI MENTE... TODO ESTE TIEMPO.
¿Y POR QUÉ ME HABRÍA DE CANSAR EN ESE ESPACIO TAN REDUCIDO?
GR....
HOLA, EL CHU. ¿QUÉ TE PASA?
SOY COMO ÍCARO Y ELLA, EL SOL. SI VUELO CERCA, ME DERRITE.
OYE, SOLO TIENES QUE IR A VERLA, ABRIR LA BOCA Y DECIR...
HOLA.
CREO QUE ME LLAMAN.
¡UH! OH...
QUIERO FELICITARTE POR TU GRAN ÉXITO, DUSTY.

LO HACES MUY BIEN PARA SER TU PRIMERA CARRERA.
VINIENDO DE TI SIGNIFICA MUCHO. ERES TAN... ¡AERODINÁMICA!

¿ALGUNA VEZ FUISTE AL **TAJ MAHAL**?

NO TODAVÍA.
VAMOS, HAY QUE IR.

LUEGO...
HA DE SER LINDO VOLVER A CASA.
ES **COMPLICADO**. TENGO MILLONES DE FANS.

Y TODOS ESPERAN QUE GANE.
TAL VEZ AHORA GANES.

¡UAAU! ¡ES ASOMBROSO!
Y MAÑANA VOLARÁS SOBRE LOS HERMOSOS HIMALAYAS.

TE GUSTA VOLAR **BAJO**, ¿CIERTO?
ESO, EH... ¡ES **ESTRATEGIA**! LA DENSIDAD AÉREA...
QUIZÁS PUDIERAS SEGUIR LA **BRÚJULA DE HIERRO**.

SON LAS VÍAS DEL TREN QUE ATRAVIESAN UN VALLE DE LAS MONTAÑAS. Y PODRÍAS IR VOLANDO BAJO.
¿SÍ? ¡GRACIAS, ISHANI!

Continuará...

HABILIDADES Y DISPOSITIVOS

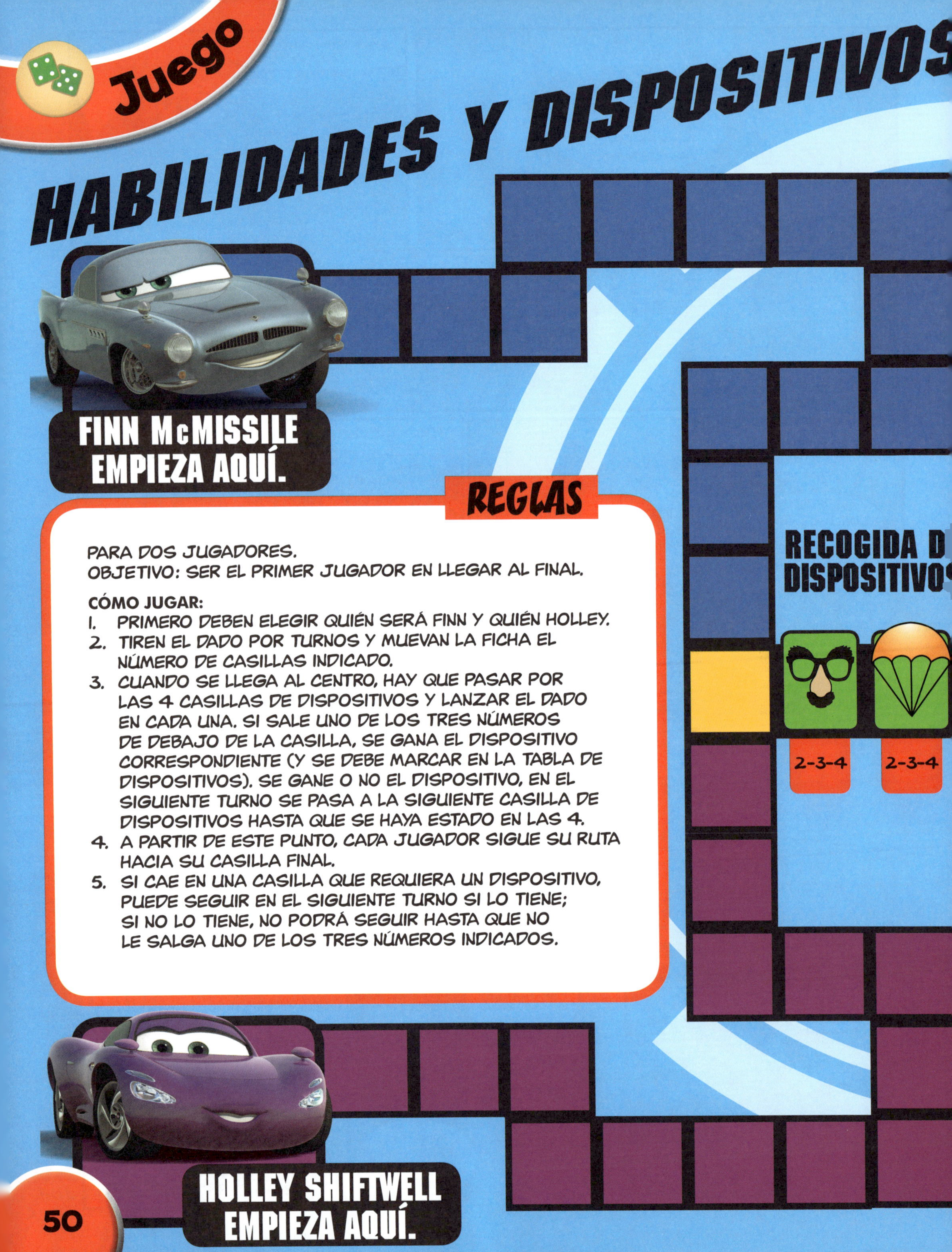

REGLAS

PARA DOS JUGADORES.
OBJETIVO: SER EL PRIMER JUGADOR EN LLEGAR AL FINAL.

CÓMO JUGAR:

1. PRIMERO DEBEN ELEGIR QUIÉN SERÁ FINN Y QUIÉN HOLLEY.
2. TIREN EL DADO POR TURNOS Y MUEVAN LA FICHA EL NÚMERO DE CASILLAS INDICADO.
3. CUANDO SE LLEGA AL CENTRO, HAY QUE PASAR POR LAS 4 CASILLAS DE DISPOSITIVOS Y LANZAR EL DADO EN CADA UNA. SI SALE UNO DE LOS TRES NÚMEROS DE DEBAJO DE LA CASILLA, SE GANA EL DISPOSITIVO CORRESPONDIENTE (Y SE DEBE MARCAR EN LA TABLA DE DISPOSITIVOS). SE GANE O NO EL DISPOSITIVO, EN EL SIGUIENTE TURNO SE PASA A LA SIGUIENTE CASILLA DE DISPOSITIVOS HASTA QUE SE HAYA ESTADO EN LAS 4.
4. A PARTIR DE ESTE PUNTO, CADA JUGADOR SIGUE SU RUTA HACIA SU CASILLA FINAL.
5. SI CAE EN UNA CASILLA QUE REQUIERA UN DISPOSITIVO, PUEDE SEGUIR EN EL SIGUIENTE TURNO SI LO TIENE; SI NO LO TIENE, NO PODRÁ SEGUIR HASTA QUE NO LE SALGA UNO DE LOS TRES NÚMEROS INDICADOS.

NECESITARÁS:
UN DADO
DOS FICHAS, UNA PARA
HOLLEY Y OTRA PARA FINN.

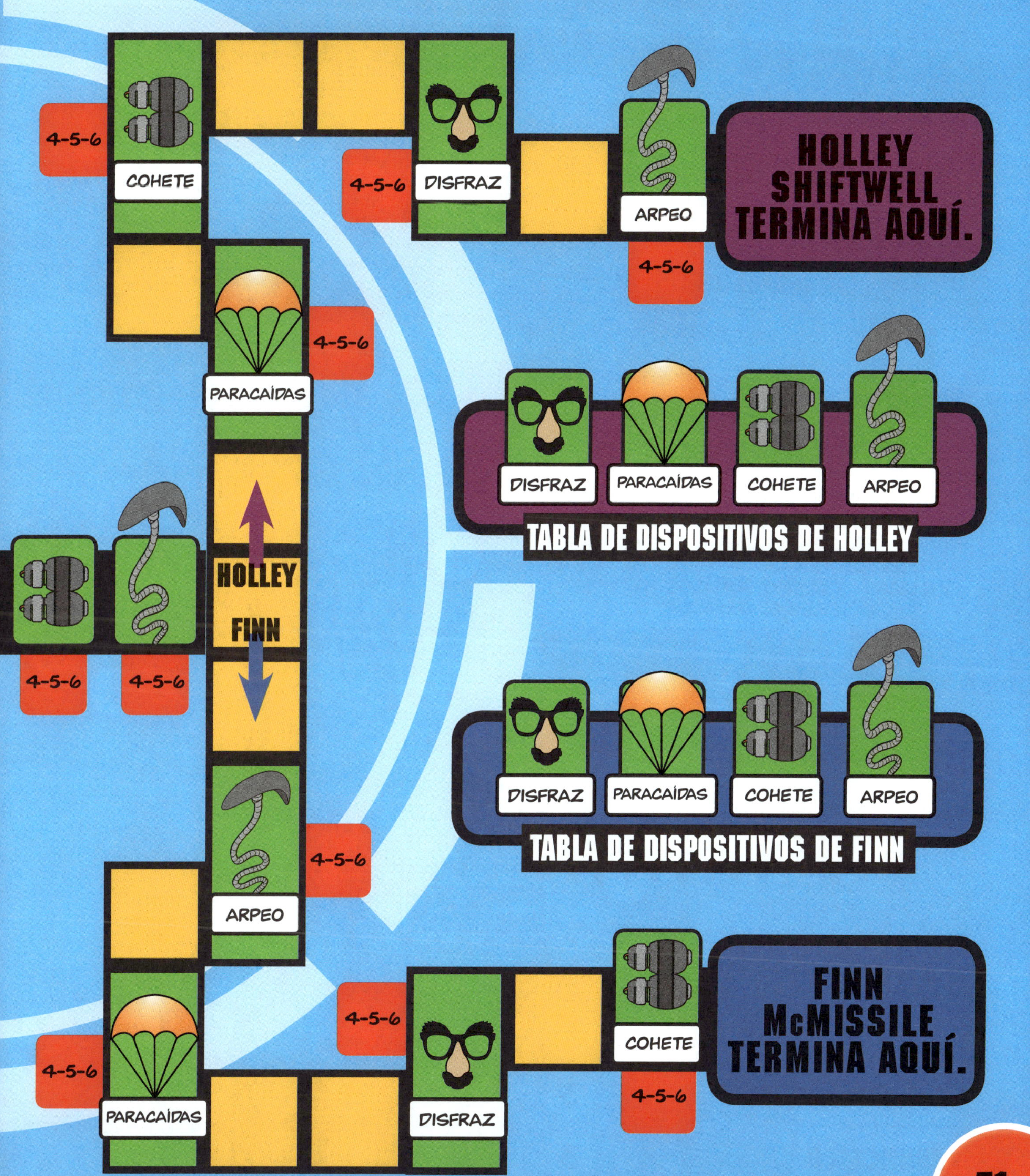

Pasatiempo
TIERRA Y POLVO
RAOUL
RAYO
FRANCESCO
1
La mejor competencia
¡RAOUL, RAYO Y FRANCESCO SE ENFRENTAN EN UN EMOCIONANTE DESAFÍO! ESCRIBE SUS PUNTOS (ABAJO, AL LADO DE SUS NOMBRES) EN TODOS LOS TRAMOS DE ASFALTO, ARENA Y LLUVIA, Y LUEGO SÚMALOS PARA VER QUIÉN ES EL GANADOR.
1
2
3
4
5
6
7
INICIO
RAOUL 1 3 2
RAYO 3 2 1
FRANCESCO 3 1 2
1 2 3 4 5 6 7 TOTAL
1 + ... + ... + ... + ... + ... + ... = ...
3 + ... + ... + ... + ... + ... + ... = ...
3 + ... + ... + ... + ... + ... + ... = ...
Solución en la página 171

2

ADELANTE

RAOUL HA PASADO POR LAS ZONAS MÁS SUCIAS.

COLOREA LAS ZONAS MANCHADAS PARA VER QUÉ LETRAS HA DEJADO TRAS DE SÍ.

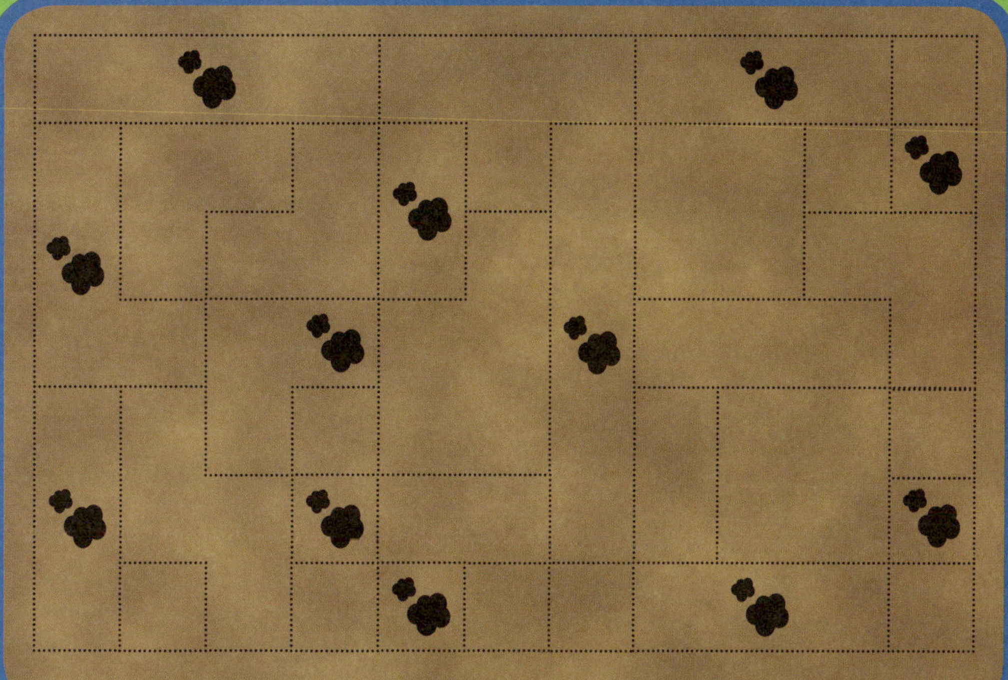

3

MARCAS DE NEUMÁTICOS

CADA NEUMÁTICO DEJA UNA MARCA DISTINTA EN LA TIERRA. COMPLETA LAS MARCAS AÑADIENTO LOS SEGMENTOS QUE LES FALTAN.

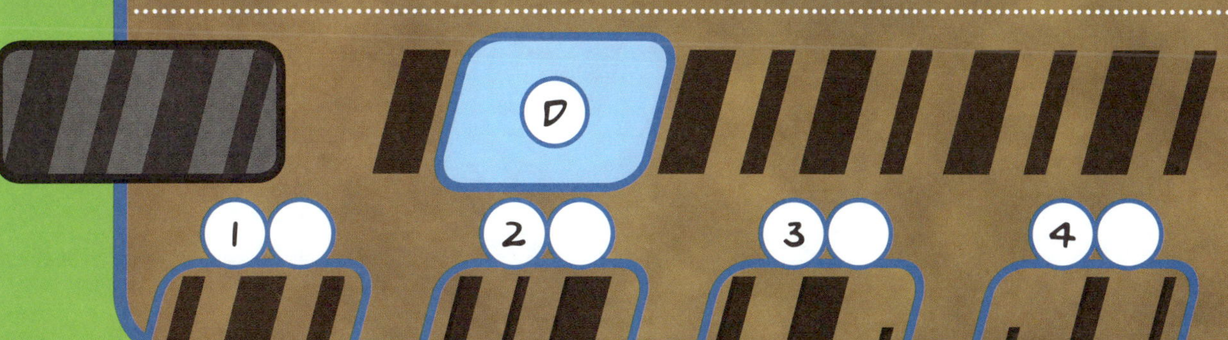

Solución en la página 171

ATUENDO DE MALO

1

RETRATO ROBOT

MATE DEBE DISFRAZARSE DE IVÁN. AYÚDALO A ENCONTRAR EL BIGOTE, LA BOCA, EL GANCHO Y EL FOCO EN ESTAS COLUMNAS, Y LUEGO ESCRIBE LAS LETRAS CORRESPONDIENTES ABAJO PARA DESCUBRIR LA PALABRA SECRETA QUE DEBERÁ UTILIZAR.

MATE

PALABRA SECRETA

... ...

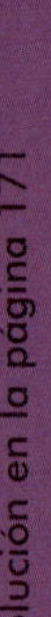
Solución en la página 171

2 DISFRAZ HOLOGRÁFICO

HOLLEY HA VERIFICADO CON SU ORDENADOR QUE MATE PUEDE DISFRAZARSE DE IVÁN. ¿CUÁL DE LOS SIGUIENTES HOLOGRAMAS DE MATE COINCIDE CON LA SILUETA VERDE DE ABAJO?

HOLLEY

A B C D

3 LABERINTO REMOLCADOR DE IVÁN

DESCUBRE CUÁL DE ESTOS TRES CABLES ESTÁ UNIDO AL GANCHO QUE UTILIZA IVÁN PARA REMOLCAR A VICTOR.

VICTOR HUGO

Solución en la página 171

¡ESPEJO, ESPEJO!

¡EL ESPEJO MÁGICO REFLEJA MÁS DE LO QUE PARECE! ENCUENTRA CINCO DIFERENCIAS ENTRE LAS DOS IMÁGENES SIGUIENTES.

Solución en la página 171

SUDOKU INTRINCADO

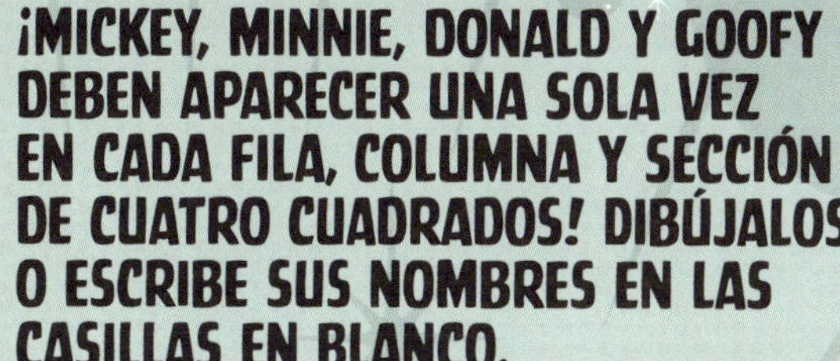

¡MICKEY, MINNIE, DONALD Y GOOFY DEBEN APARECER UNA SOLA VEZ EN CADA FILA, COLUMNA Y SECCIÓN DE CUATRO CUADRADOS! DIBÚJALOS O ESCRIBE SUS NOMBRES EN LAS CASILLAS EN BLANCO.

¡BARAJA COMPLETA!

LA BARAJA DE CARTAS DE MICKEY AÚN NO ESTÁ DEL TODO PREPARADA PARA EL ESPECTÁCULO. ENCUENTRA EL FRAGMENTO QUE FALTA EN CADA CARTA, ¡PERO TEN EN CUENTA QUE SOBRAN ALGUNOS!

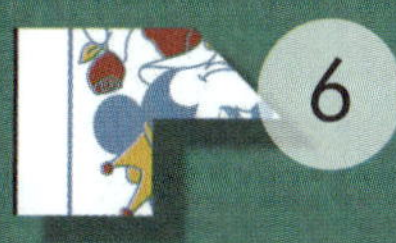

Solución en la página 171

LABERINTO DE ESPEJOS

¡NO ES UN LABERINTO NORMAL! ¡NECESITARÁS MAGIA PARA GANAR!

SIGUE EL CAMINO PARA INTENTAR LLEGAR HASTA EL FINAL DEL LABERINTO. CUANDO LLEGUES A UN ESPEJO MÁGICO, DEBES SALTAR AL ESPEJO MÁGICO DEL MISMO COLOR. ¡VE SIGUIENDO TU CAMINO DESDE AHÍ HASTA EL SIGUIENTE ESPEJO MÁGICO!

INICIO

VE A LA PÁGINA SIGUIENTE

Solución en la página 171

Colorea
DINO-MITA
Rex da vueltas, fuera de control. Pinta a Rex según la clave de colores.
¡NO PUEDO MIRAR! ¡QUE ALGUIEN ME TAPE LOS OJOS!
¡MISIÓN CUMPLIDA!
PÍNTALO CUANDO ACABES.
1
2
3
4
5
60

DICHOS DE WOODY

Pasatiempo

Woody se ha hecho un lío al hablar. ¿Cuáles de las expresiones siguientes pertenecen a Woody? Marca la respuesta correcta. Te mostramos un ejemplo.

¡TIRA DE MI CORDEL!

		SÍ	NO
1	¡ERES MI ALGUACIL PREFERIDO!	✓	
2	¡TENEMOS UN GUARDIÁN!		
3	¡HAY UNA SERPIENTE EN MI BOTA!		
4	¡TIENES UNA CITA CON LA JUSTICIA!		
5	OOOOOOOOOH... ¡LA GARRA!		

¡MISIÓN CUMPLIDA!

PÍNTALO CUANDO ACABES.

¿LO SABÍAS?
¡Si le tiras del cordel de su espalda, Woody derrotará a los villanos con unos ingeniosos comentarios!

Solución en la página 172

Pasatiempo

CASA DE BONNIE

¡En casa de Bonnie siempre es divertido jugar! Diviértete con estos pasatiempos.

1

LA HORA DEL TÉ

Los juguetes de Bonnie hacen ver que están en un café de París. Observa con atención estas fotos. ¿Ves seis diferencias entre la A y la B?

A

B

Pinta un bloque de construcción cada vez que veas una.

Solución en la página 172

2
EN EL JARDÍN
Los juguetes se divierten en el jardín. Mediante líneas, coloca cada pieza en el lugar que le corresponda. ¿Cuál es la que sobra?
1
2
3
4
5
6
A
B
C
D
E
F
G
3
EMPIEZA LA OBRA
El Señor Espinas está actuando. ¿Cuál de todos ellos es distinto a los demás?
A
B
C
D
¡MISIÓN CUMPLIDA!
PÍNTALO CUANDO ACABES.
¿QUIÉN TIENE EL CEREBRO COMO UN CHÍCHARO?
Solución en la página 172

¡EL CHU ESTÁ POSANDO PARA TI! ¡**DALE COLOR** A ESTA ESCENA! INSPÍRATE EN LA PÁGINA SIGUIENTE PARA COLOREAR EL **PERSONAJE,** Y DEJA VOLAR TU IMAGINACIÓN PARA PINTAR EL **FONDO.**

EL CHUDOKU

¡USA TU LÓGICA!

CADA **FILA, COLUMNA** Y **SECCIÓN** DE **CUATRO CUADRADOS** SOLO PUEDE CONTENER **UNA MÁSCARA** DE CADA COLOR. **MARCA** LAS SIGUIENTES MÁSCARAS Y **PINTA** LOS FONDOS DEL COLOR PERTINENTE PARA **COMPLETAR** ESTE SUDOKU.

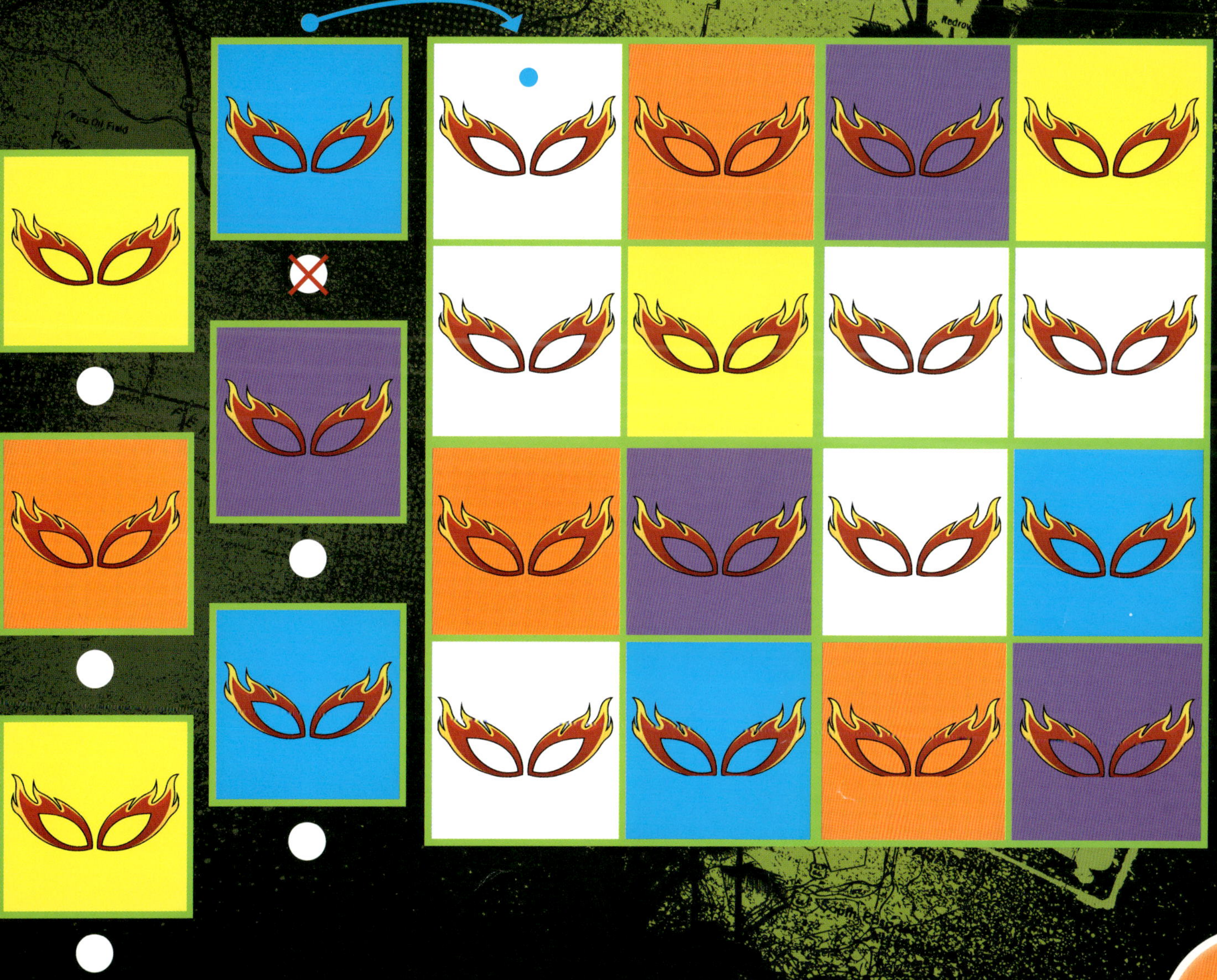

Aviones: la película (parte 3)

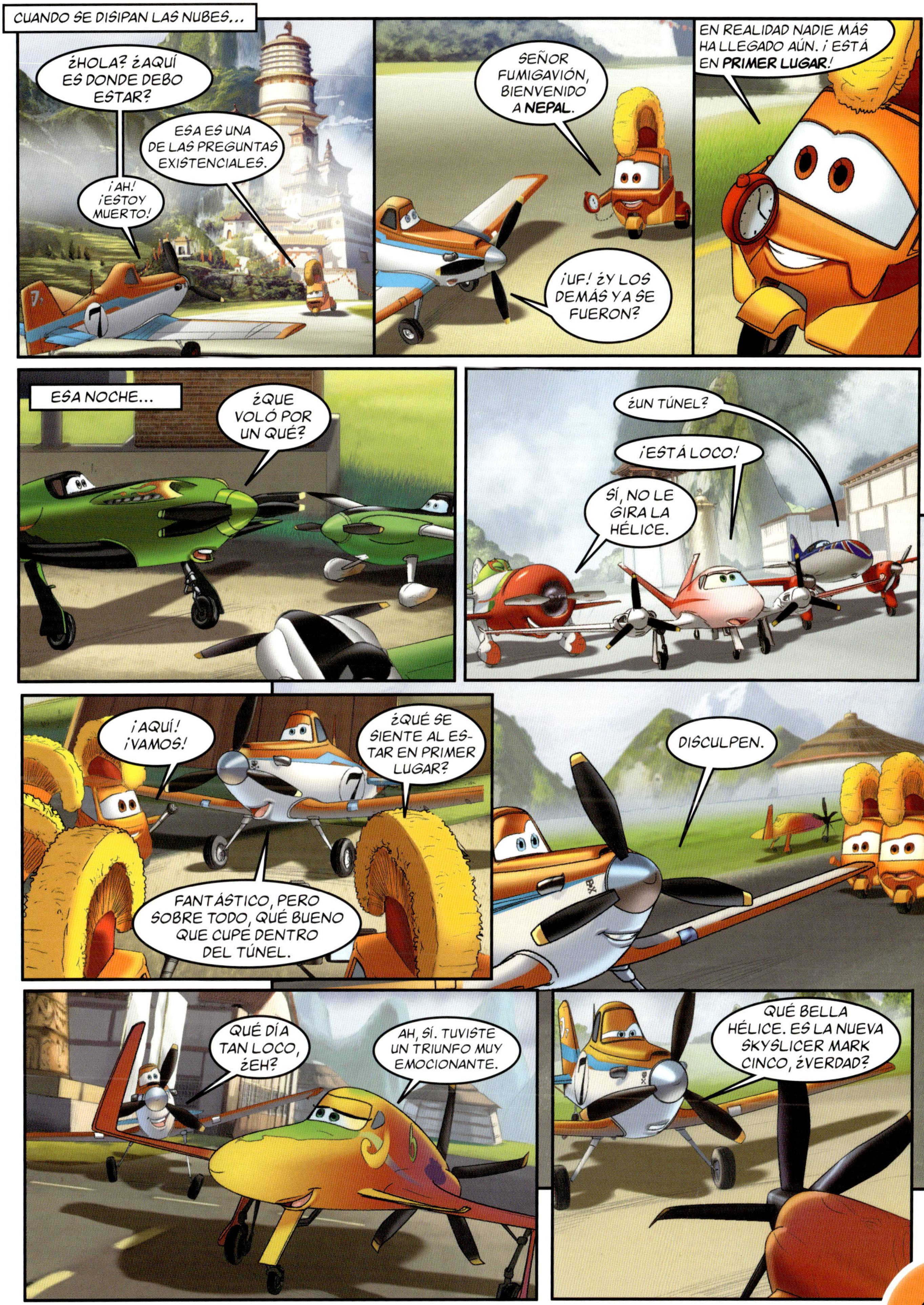

¡AQUÍ! ¡VAMOS!

¿QUÉ SE SIENTE AL ESTAR EN PRIMER LUGAR?

FANTÁSTICO, PERO SOBRE TODO, QUÉ BUENO QUE CUPE DENTRO DEL TÚNEL.

DISCULPEN.

QUÉ DÍA TAN LOCO, ¿EH?

AH, SÍ. TUVISTE UN TRIUNFO MUY EMOCIONANTE.

QUÉ BELLA HÉLICE. ES LA NUEVA SKYSLICER MARK CINCO, ¿VERDAD?

¿NO SON LAS QUE PRODUCEN SOLO PARA EL **EQUIPO DE RIP**?
DUSTY, YO...

CREÍ QUE TE DARÍAS LA VUELTA, DUSTY.
TE EQUIVOCASTE, COMO YO CONTIGO.

HOLA, RIP. GRACIAS POR EL PRIMER PUESTO.

CHINA CENTRAL...
VOLANDO BAJO Y RÁPIDO, DUSTY FUMIGAVIÓN HA LOGRADO MANTENERSE EN EL PRIMER PUESTO.

PERO EL CAMPEÓN ACTUAL, RIPSLINGER, SOLO ESTÁ SEGUNDOS ATRÁS.

AEROPUERTO INTERNACIONAL SHANGHÁI PUDONG ...
SALIMOS HACIA EL PACÍFICO MAÑANA, SKIP.

ESTUVISTE DE SERVICIO, ¿NO? ¿ALGÚN CONSEJO PARA MÍ?
TEN CUIDADO.

EN LA BATALLA DE WAKE ISLAND, LAS LLAVES SE TOPARON CON FUERTES MONZONES.

Y OTRA COSA MÁS...

...ME ENOR-
GULLECES,
DUSTY.
GRACIAS...
COMPAÑERO.

OYE, DUSTY,
TENEMOS UNA
SORPRESA
PARA TI.
¡VAMOS A
ALCANZARTE
EN MÉXICO!
¡CORTESÍA DE
SPARKY Y MÍA!

¡VENDIMOS 323
DUSTYS CABEZONES,
143 ADORNOS PARA
ANTENA, 203 TAZAS!
¡...Y UNOS
MIL SILBATOS!
¡DALE EQUIPO
DUSTERINO!

ALGO MÁS TARDE...
CLIC
¡¡¡DE AMOR SOY
MÁQUINA!!!

¡NO, NO, NO!
¡NI DE BROMA!

¡CHAS!
¡VAYA!

¿QUÉ PASA?
DUSTY, ¿QUÉ
HACES?
CLIC

LENTO Y
CONTENTO.
CHIC
CHIC

DE AMOR SOY MÁQUINA...

SEÑOR CHU... ¡PARA SER UN PRESUMIDO ES USTED BASTANTE ROMÁNTICO!

ESTOY EN DEUDA CONTIGO, COMPADRE.
COMPADRE. ME GUSTA.

¡SIGUE LA CARRERA!
¡NO ESTÁ MAL PARA UN PUEBLERINO!
1. - DUSTY CROPHOPPER
2. - RIPSLINGER
3. - NED
4. - ZED
5. - EL CHUPACABRA
6. - BULLDOG
7. - ISHANI
8. - KANEDA
¡UMM!

¿QUÉ TE PASÓ?
LA CANCIÓN... ALGO CAMBIÓ EN ELLA.

¡MI PEQUEÑO MONSTRUO! ¡VEN CONMIGO!
¡AHORA ES COMO UN JAGUAR!

LUEGO...
ESTA ES LA SEXTA Y MÁS LARGA ETAPA. LOS COMPETIDORES TENDRÁN QUE SEGUIR SUS ANTENAS GPS...

¡...YA QUE HAY UN **GRAN OCÉANO** ENTRE ESTE LUGAR Y MÉXICO!

BRUUAM
BANGGG
¡AH!

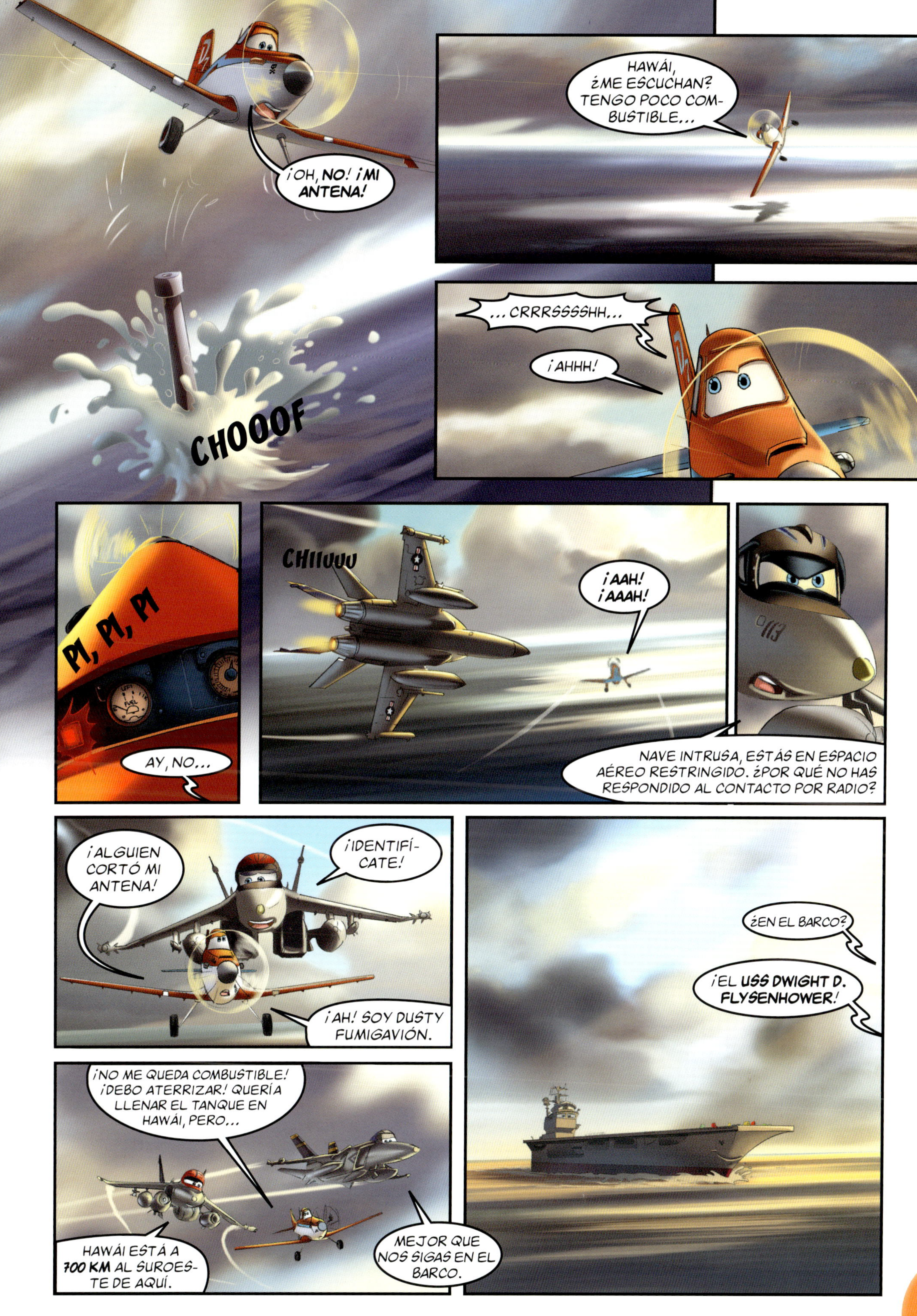
¡OH, NO! ¡MI ANTENA!
HAWÁI, ¿ME ESCUCHAN? TENGO POCO COMBUSTIBLE...
CHOOOF
...CRRRSSSSHH...
¡AHHH!
PI, PI, PI
AY, NO...
CHIIUUU
¡AAH! ¡AAAH!
NAVE INTRUSA, ESTÁS EN ESPACIO AÉREO RESTRINGIDO. ¿POR QUÉ NO HAS RESPONDIDO AL CONTACTO POR RADIO?
¡ALGUIEN CORTÓ MI ANTENA!
¡IDENTIFÍCATE!
¡AH! SOY DUSTY FUMIGAVIÓN.
¡NO ME QUEDA COMBUSTIBLE! ¡DEBO ATERRIZAR! QUERÍA LLENAR EL TANQUE EN HAWÁI, PERO...
HAWÁI ESTÁ A 700 KM AL SUROESTE DE AQUÍ.
MEJOR QUE NOS SIGAS EN EL BARCO.
¿EN EL BARCO?
¡EL USS DWIGHT D. FLYSENHOWER!

ES UN CIVIL. COMBUSTIBLE DE EMER- GENCIA.
BRAVO
113
ENTENDIDO.

¡NO NECESITO UN CIVIL **EXPLOTANDO** EN CUBIERTA!
PODRÍAMOS USAR LA BARRICADA, SEÑOR.

SOLO TIENES QUE ATERRIZAR EN EL **ESPAGUETI**.
¡NO SÉ SI LO LOGRARÉ! ¡ESA PISTA **SE MUEVE**!

PROOOOOING
¡UAAAAA!

¡TE TENEMOS, FUMIGAVIÓN!
¡UUUF!
¡HURRA!

¡A SALVO!
VEN, VAMOS A REPARARTE, LLENAR TU TANQUE Y ENVIAR- TE A LA CARRERA.
GRACIAS, CHICOS. ME SALVA- RON LA HÉLICE.

OIGAN, ¿QUÉ ES ESO?

¡ES EL **MURO DE LA FAMA DE LAS LLAVES SONRIENTES**!
CADA AVIÓN, CADA MISIÓN.

SKIPPER... ¡AQUÍ ESTÁ! **PERO...**

¿... POR QUÉ SOLO TIENE **UNA MISIÓN**?
GLENDAL CANAL

MIENTRAS...
CHUG, ¿QUÉ ES TODO ESO?
JAMÁS HE SALIDO DEL PAÍS. HAY QUE IR PREPARADO, ¿CIERTO?
¿SKIPPER?

¡VAMOS, SKIPPER!
¿DUSTY? ¡SALIMOS A MÉXICO AHORA MISMO!

QUÉ BUENO QUE LLEGASTE A SALVO. SEGÚN EL REPORTE DEL CLIMA HAY UNA TORMENTA.

¿ESTÁS EN EL FLYSENHOWER?
NO ESTOY EN MÉXICO. ESTOY CON LAS LLAVES SONRIENTES.

VI EL MURO DE LA FAMA... Y SOLO APARECE UNA DE TUS MISIONES.

COMETIERON UN ERROR...
¡TIENES QUE SALIR DE AHÍ! ¡VAS A TENER QUE **VOLAR ALTO**!

¿ES CIERTO?
ESCÚCHAME, VUELA SOBRE LA TORMENTA...
¡SKIPPER! ¿ES **CIERTO**?

SÍ... ES CIERTO. SOLO VOLÉ EN UNA MISIÓN.

PERO, ¿Y TUS HISTORIAS?
¡FUMIGAVIÓN! EL MAL CLIMA AVANZA RÁPIDO.

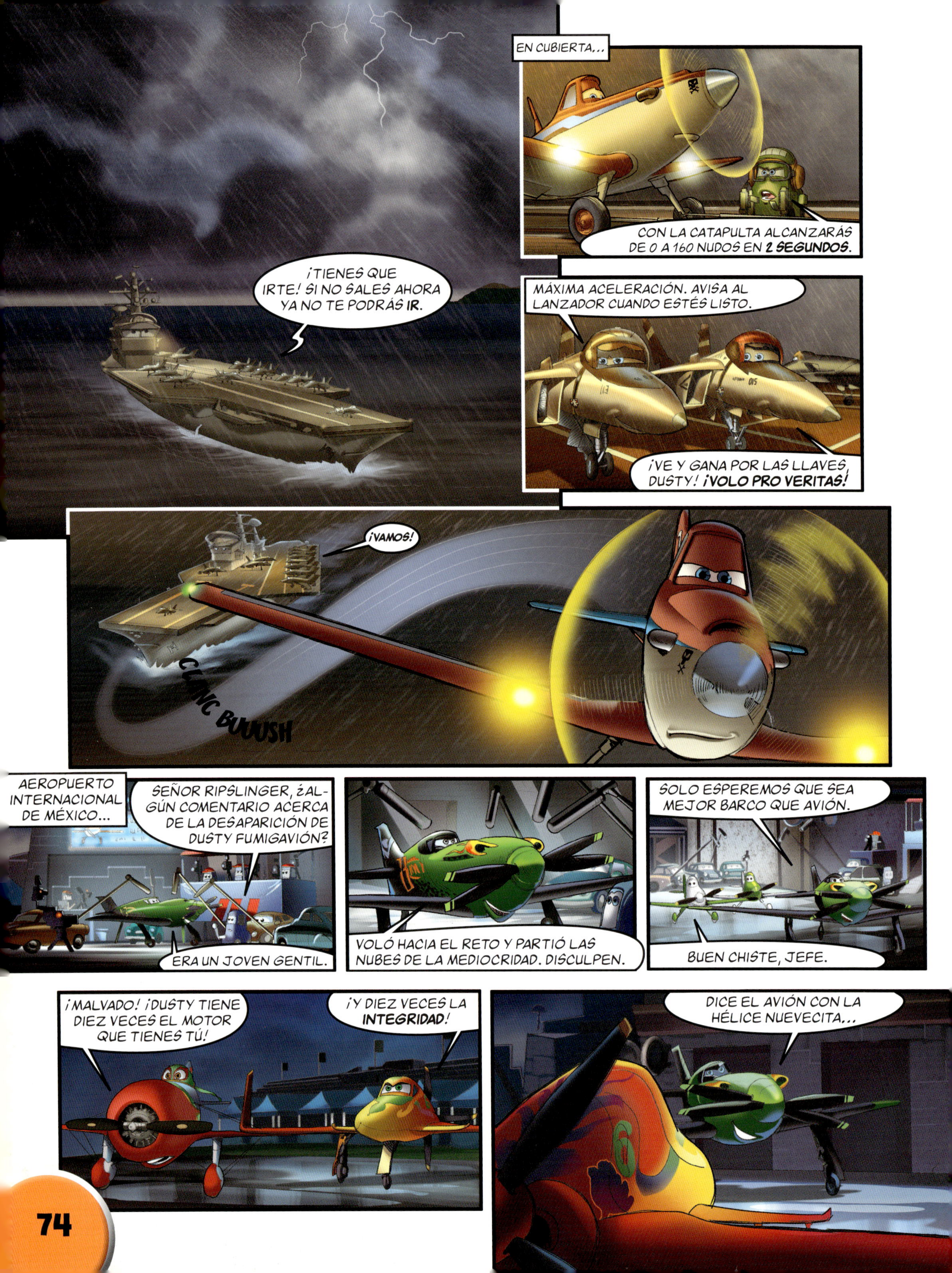

¡TIENES QUE IRTE! SI NO SALES AHORA YA NO TE PODRÁS **IR**.

EN CUBIERTA...

CON LA CATAPULTA ALCANZARÁS DE 0 A 160 NUDOS EN **2 SEGUNDOS**.

MÁXIMA ACELERACIÓN. AVISA AL LANZADOR CUANDO ESTÉS LISTO.

¡VE Y GANA POR LAS LLAVES, DUSTY! **¡VOLO PRO VERITAS!**

DIME, ¿CUÁNTA INTEGRIDAD TE COSTÓ TENERLA, LINDA?

EN EL OCÉANO...
¿POR QUÉ SOLO APARECE UNA MISIÓN?

BA-RUUM
CRAAAC
¡UY!

¡AAAH!
PUUUF
PUUUF
CHAAAAFF

BRANG
¡MAYDAY, MAYDAY! ¡ESTOY CAYENDO!

18 GRADOS NORTE, SEIS MINUTOS, 14 SEGUNDOS, 119...

¡AUXILIO!

JUSTO A TIEMPO...
¡RÁPIDO, AL HANGAR!
¡DUSTY!

PARTE DEL ALA QUEBRADA, ENGRANE TORCIDO, HÉLICE DOBLADA Y EL LARGUERO MAYOR SE AGRIETÓ.

SE ACABÓ.

¿UNA MISIÓN? ¿QUÉ PASÓ CON «VOLO PRO VERITAS»?

¿NOS DEJAN UN MINUTO A SOLAS?

MI PRIMER PATRULLAJE CON LAS LLAVES SONRIENTES FUE EN GLENDAL CANAL.

«MI ESCUADRÓN ERA DE NOVATOS... YO ENTRENÉ A CADA UNO DE ELLOS...».
MIRA, SKIPPER. BARCO ENEMIGO A LAS DOS EN PUNTO.
NEGATIVO, SIERRA 2. NUESTRAS ÓRDENES SON EXPLORAR Y REPORTAR.

ANÍMATE, SKIP. ¡SON COMO GALLINAS EN UNA RED!

BROOOAAAM
TÚ GANAS. NOS ACERCAREMOS A INSPECCIONAR.

«ERA TARDE PARA ALEJARNOS...».
¡NO PUEDE SER! ¡ES TODA LA **FLOTA ENEMIGA**!

¡AAH!
BLAM
¡SIERRA 2!
RAT-TAT-TAT

¡AAAYY!
BUUM

«TODO MI ESCUADRÓN... BAJO MI COMANDO... ACABADO».

DESPUÉS DE ESO YA NO TUVE FUERZA PARA VOLAR OTRA VEZ.

DE HABER SABIDO MI PASADO, ¿ME HABRÍAS PEDIDO QUE TE ENTRENARA?

LO SIENTO, DUSTY.

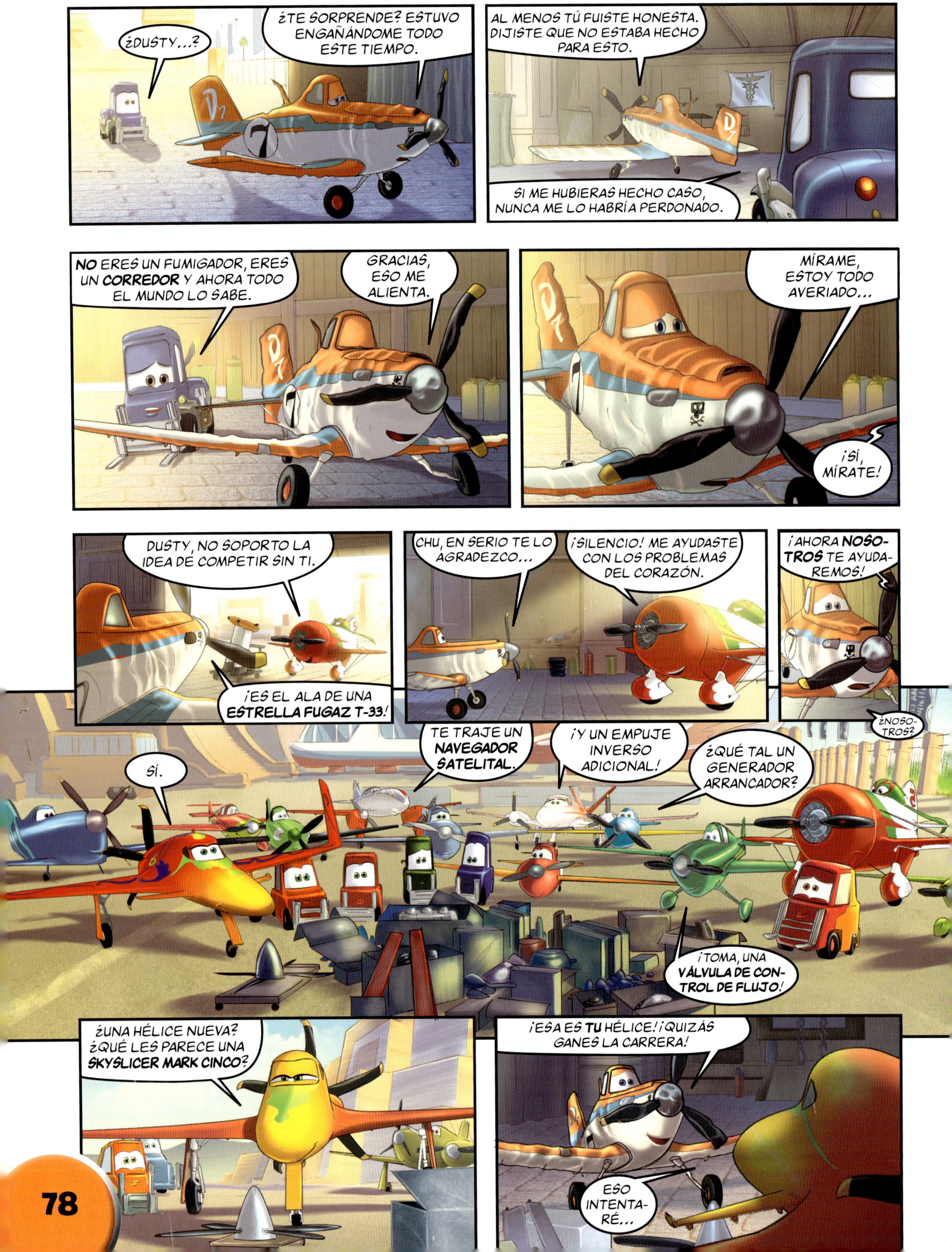

¿DUSTY...?
¿TE SORPRENDE? ESTUVO ENGAÑÁNDOME TODO ESTE TIEMPO.

AL MENOS TÚ FUISTE HONESTA. DIJISTE QUE NO ESTABA HECHO PARA ESTO.
SI ME HUBIERAS HECHO CASO, NUNCA ME LO HABRÍA PERDONADO.

NO ERES UN FUMIGADOR, ERES UN **CORREDOR** Y AHORA TODO EL MUNDO LO SABE.
GRACIAS, ESO ME ALIENTA.

MÍRAME, ESTOY TODO AVERIADO...
¡SÍ, MÍRATE!

DUSTY, NO SOPORTO LA IDEA DE COMPETIR SIN TI.
¡ES EL ALA DE UNA **ESTRELLA FUGAZ T-33**!
CHU, EN SERIO TE LO AGRADEZCO...
¡SILENCIO! ME AYUDASTE CON LOS PROBLEMAS DEL CORAZÓN.
¡AHORA **NOSOTROS** TE AYUDAREMOS!
¿NOSOTROS?
SÍ.
TE TRAJE UN **NAVEGADOR SATELITAL**.
¡Y UN EMPUJE INVERSO ADICIONAL!
¿QUÉ TAL UN GENERADOR ARRANCADOR?
¡TOMA, UNA **VÁLVULA DE CONTROL DE FLUJO**!
¿UNA HÉLICE NUEVA? ¿QUÉ LES PARECE UNA **SKYSLICER MARK CINCO**?
¡ESA ES **TU** HÉLICE! ¡QUIZÁS GANES LA CARRERA!
ESO INTENTARÉ...

...PERO CON MI HÉLICE **VIEJA**. ESTA COMO QUE NO SE AJUSTA A MÍ.

CREO QUE TÚ TENDRÁS MÁS SUERTE CON ELLA.
¡GRACIAS, ISHANI! DOTTIE, ¿ES SUFICIENTE?
UN **P-T**-SEIS **A** TIENE UN COMPRESOR MÚLTIPLE, ¿NO?

«¡SÍ LO **TIENE**!».

HAY MUCHO QUE HACER...

¡PERO TAMBIÉN HAY TIEMPO PARA **ESTUDIAR AL ENEMIGO**!

CUANDO LLEGA LA MAÑANA...
¡UAU, AMIGO!

¡NOS VEMOS EN NUEVA YORK!
¡JA, JA! ¡A FUMIGAR!
¡DUSTY!
¡HA VUELTO!

UAU, ¿Y ESE QUIÉN ES?
¡ES EL FUMIGADOR!
¿HAY OTRO?
¡ES EL MISMO, TORPE!

PONERTE PIEZAS NUEVAS NO CAMBIARÁ QUIÉN ERES.
¿TIENES MIEDO DE QUE PUEDA VENCERTE UN FUMIGADOR?

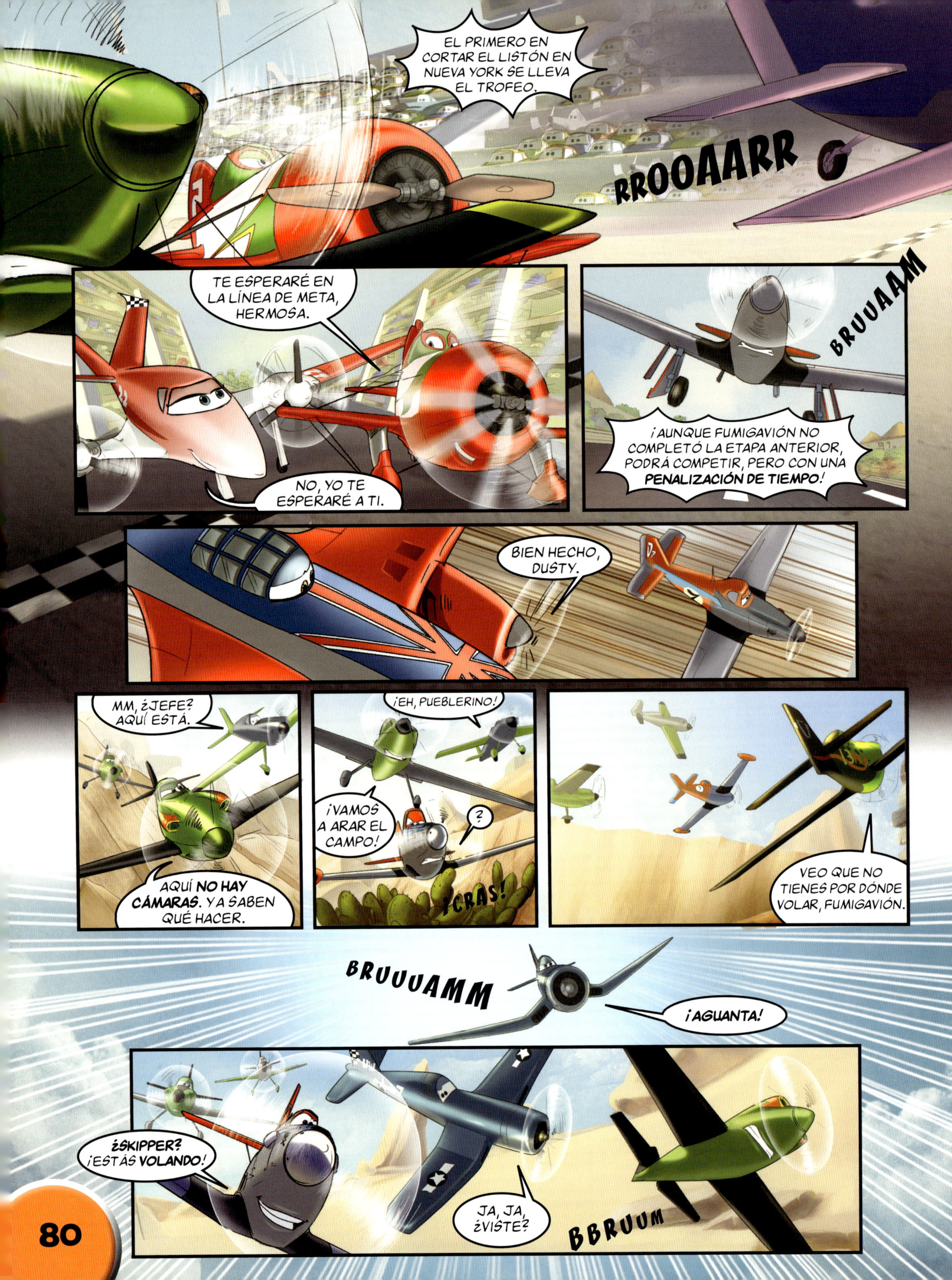

EL PRIMERO EN CORTAR EL LISTÓN EN NUEVA YORK SE LLEVA EL TROFEO.
RROOAARR
TE ESPERARÉ EN LA LÍNEA DE META, HERMOSA.
NO, YO TE ESPERARÉ A TI.
BRUUAAM
¡AUNQUE FUMIGAVIÓN NO COMPLETÓ LA ETAPA ANTERIOR, PODRÁ COMPETIR, PERO CON UNA **PENALIZACIÓN DE TIEMPO**!
BIEN HECHO, DUSTY.
MM, ¿JEFE? AQUÍ ESTÁ.
AQUÍ **NO HAY CÁMARAS**. Y A SABEN QUÉ HACER.
¡EH, PUEBLERINO!
¡VAMOS A ARAR EL CAMPO!
?
¡CRAS!
VEO QUE NO TIENES POR DÓNDE VOLAR, FUMIGAVIÓN.
BRUUUAMM
¡AGUANTA!
¿SKIPPER? ¡ESTÁS **VOLANDO**!
JA, JA, ¿VISTE?
BBRUUM

YO ME ENCARGO DE RIP, Y TÚ DE LOS OTROS.
¡A LA ORDEN!
¡ESTÁN A TUS 6, CHICO! ¡USA **LAS ROCAS**!
¡ENTENDIDO!
¡UUUUAAA!
¡AY!
PLAAAF
¡SÍ!
¡UY, ESO DEJARÁ UNA MARCA!
¡SALUDA AL MOLINO DE WARSAW!
¿QUÉ?
¡AAAHH! ¡ESTÁS **LOCOOO**!
¡SÍ, LO ESTOY!
¿TODO BIEN? ¡ESO ESTUVO BIEN PARA SER UN FUMIGADOR!
Y NADA MAL PARA UN AVIÓN VIEJO QUE YA NO VUELA.
GR-R-RRIIND
¡AAAH!
¡NOOO!
Continuará...

Juego
¡SALTA CON NOSOTROS!
NACIDOS PARA SALTAR
SALIDA
+2
15 PUNTOS
10 PUNTOS
5 PUNTOS
3
2
1
SALTO 1
SOBRE UN CHARCO
-2
SALTO 2
SOBRE UNA ZANJA
PUNTUACIÓN DE RAYO
TOTAL
PUNTUACIÓN DE RAOUL
TOTAL

NECESITARÁS UN DADO Y DOS FICHAS.

REGLAS

Cómo jugar:

1. DECIDAN QUIÉN SERÁ RAYO Y QUIÉN RAOUL.
2. COLOQUEN LAS FICHAS EN LA CASILLA DE SALIDA, TIREN EL DADO POR TURNOS Y VAYAN AVANZANDO EL NÚMERO DE CASILLAS QUE INDIQUE.
3. SIGAN LAS INSTRUCCIONES DE LAS CASILLAS, AVANZANDO O RETROCEDIENDO SEGÚN LO QUE INDIQUEN. DETÉNGANSE CUANDO LLEGUEN A UNA CASILLA DE SALTO, INCLUSO SI EL DADO INDICA QUE PUEDEN AVANZAR MÁS CASILLAS.
4. TIREN DE NUEVO EL DADO PARA SALTAR Y AVANZAR. SI TE SALE 1, 2 O 3, GANAS 5, 10 O 15 PUNTOS, RESPECTIVAMENTE.
5. CADA JUGADOR DEBE ESCRIBIR LOS PUNTOS QUE GANA EN CADA SALTO EN SU TABLA DE PUNTUACIÓN Y AL FINAL DE LA CARRERA SUMARLOS.

EL PRIMER JUGADOR EN CRUZAR LA META GANA LA CARRERA.
¡EL JUGADOR CON LA PUNTUACIÓN MÁS ALTA ES EL CAMPEÓN DE SALTOS!

Manualidad

¡LA ESCARAPELA DEL GANADOR!

NECESITARÁS:

CONSEJO: ¡PIDE A UN ADULTO QUE TE AYUDE!

• 3 TROZOS DE CARTULINA (BLANCA, AZUL Y ROJA) • LÁPIZ • TAZA • PLATO • TAPÓN DE BOTELLA • TIJERAS PARA NIÑOS • COLA BLANCA

1 TRAZA 3 CONTORNOS: EL DE LA TAZA EN CARTULINA ROJA, EL DEL PLATO EN CARTULINA AZUL Y EL DEL TAPÓN EN CARTULINA BLANCA.

2 RECORTA LOS CÍRCULOS Y PÉGALOS, UNO ENCIMA DEL OTRO COMO SE MUESTRA EN LA IMAGEN.

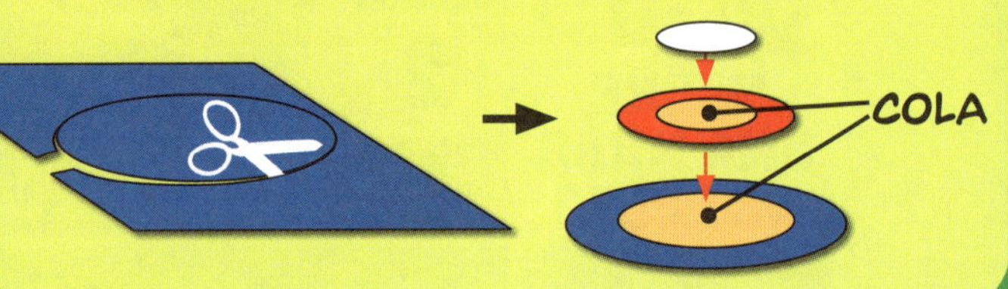

3 RECORTA TRIÁNGULOS MUY FINOS A LO LARGO DEL BORDE DEL CÍRCULO AZUL (EL MÁS GRANDE). RECORTA SOLO HASTA EL BORDE DEL CÍRCULO ROJO, SIN CORTAR ESTE.

4 CORTA 2 TIRAS DE LAS CARTULINAS QUE HAYAN SOBRADO, DE LA ANCHURA DEL TAPÓN. RECORTA UN TRIÁNGULO EN UN EXTREMO DE CADA TIRA, COMO SE MUESTRA.

5 PEGA LAS TIRAS POR DETRÁS DE LOS CÍRCULOS, UNA ALGO INCLINADA A LA IZQUIERDA, Y LA OTRA A LA DERECHA.

6
COMPLETA TU ESCARAPELA ESCRIBIENDO EL NÚMERO DE LA POSICIÓN EN QUE HAS QUEDADO EN UN TROCITO DE CARTULINA, Y PÉGALO EN EL CENTRO.
1.º
COLA
CONSEJO:
¡HAZ MÁS ESCARAPELAS Y PREMIA CON ELLAS A TUS AMIGOS!
1.º
¡TU ESCARAPELA ESTÁ LISTA!
PASTA POTENZA
ROTELLI TIRES
LIGHTYEAR

Pasatiempo

JUEGA CON FILLMORE

1 ¡GLUUUP!

FILLMORE Y EL SARGENTO DISFRUTAN DE UN RICO COMBUSTIBLE EN CARSOLI. ORDENA LAS SECCIONES DE LA ESCENA INFERIOR, ESCRIBIENDO LAS LETRAS DE LA ESCENA SUPERIOR EN LAS SECCIONES PERTINENTES.

A B C D E F G H I

1 2 3 4 5 6 7 8 9

C ... ...

Solución en la página 172

2 PROVISIONES BIEN ALMACENADAS

FILLMORE AMONTONA BARRILES DE COMBUSTIBLE. ¡RODEA CON UN CÍRCULO LOS QUE FORMEN PAREJA!

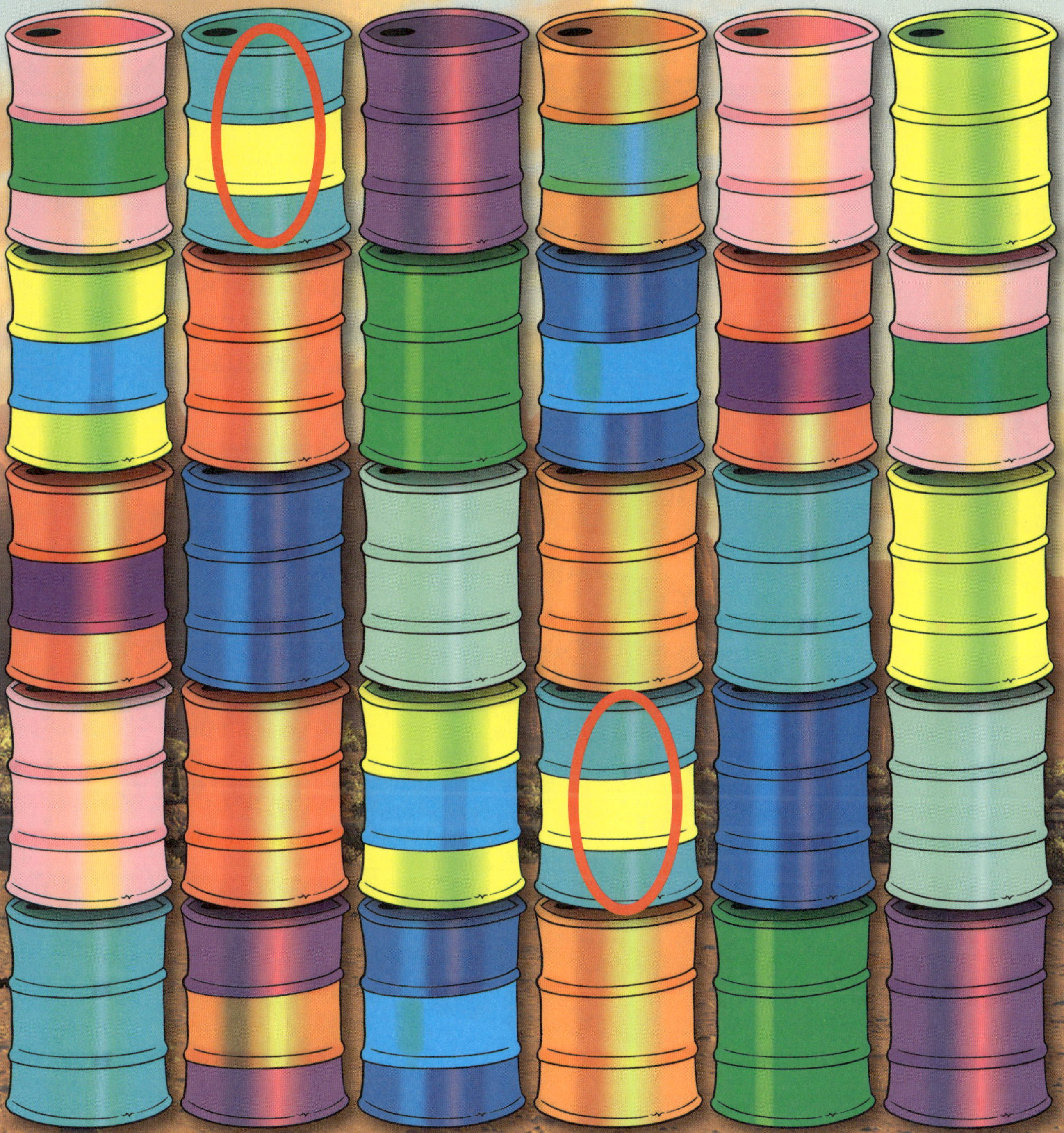

3 BUSCA Y PINTA

HAY DOS BARRILES SIN PAREJA. ENCUÉNTRALOS Y TRAZA UNA X SOBRE CADA UNO. LUEGO COLOREA ESTOS DOS BARRILES EN BLANCO IGUALES QUE LOS QUE NO TIENEN PAREJA.

Solución en la página 172

Solución en la página 172

¡DALE COLOR!
Colorea
¡ESPÉRAME!
¡MI MISIÓN CONSISTE EN COLOREAR!
¡MISIÓN CUMPLIDA!
PÍNTALO CUANDO ACABES.
MULTIARTISTA
¡COLOREAR ES DIVERTIDO, PERO REQUIERE TIEMPO Y ESFUERZO!
¡NO OPINO LO MISMO!
¡OOH! ¿LOS COLOREASTE TÚ SOLO?
¡TUVE UNA AYUDITA!
FIN

Pasatiempo
NUEVAS MISIONES
Buzz se embarca en una peligrosa misión. Ayúdalo a combatir el mal resolviendo este pasatiempo.
1 Buzz debe cruzar por los discos flotantes para vencer a Zurg. ¿Qué mensaje hay escrito en los verdes?
¡EL MAL SERÁ VENCIDO!
A
F
H
M
C
U
L
B
¡
INICIO
SPACE RANGER
2 Pinta el planeta que es distinto.
A
B
C
D
E
Solución en la página 172

Solución en la página 172

Pasatiempo
OPERACIÓN ¡A JUGAR!
Woody quiere asegurarse de que ningún juguete de la caja se queda sin jugar. Resuelve estos acertijos, ¡Y que empiece la diversión!
1
RETO DE DIBUJO
Woody ha retado a la Super Pantalla Mágica® a dibujar. Calcula las sumas para averiguar quién ha hecho más dibujos.
MAGIC Etch A Sketch SCREEN
Making Creativity Fun!
WOODY: 5 + 4 + 2 + 1 = ____
SUPER PANTALLA MÁGICA®: 1 + 2 + 8 + 4 = ____
2
JUGUETITOS
Ordena a esta familia según su altura, empezando por el más bajo.
A
B
C
D
E
El orden correcto es: D _ _ _ _
Solución en la página 172

3
¡DELETREA!
Ayuda a Deletreador a ordenar las letras para formar una palabra misteriosa. Hemos colocado la primera letra para ayudarte.
MR. SPELL
UJGEUSTE
ABCDEFGH
IJKLMNOPQ
RSTUVWXYZ
SPACE
SPEAK
J_ _ _ _ _ _ _ _
¡YO AYUDAR A WOODY!
4
MUSCULITOS
Rocky Gibraltar es el más fuerte de la caja, pero hay alguien a quien no puede levantar. Observa los primeros planos. ¿Quién es?
L_ _ _ _
ROCKY GIBRALTAR
¡MISIÓN CUMPLIDA!
PÍNTALO CUANDO ACABES.
Solución en la página 172

¡ATERRIZAJES!

1 ¡A ATERRIZAR!:

NUESTROS AMIGOS DEBEN ENCONTRAR SUS PUNTOS DE ATERRIZAJE, NUMERADOS DEL 1 AL 4. AYÚDALOS SIGUIENDO LAS RUTAS QUE DELETREAN SUS NOMBRES.

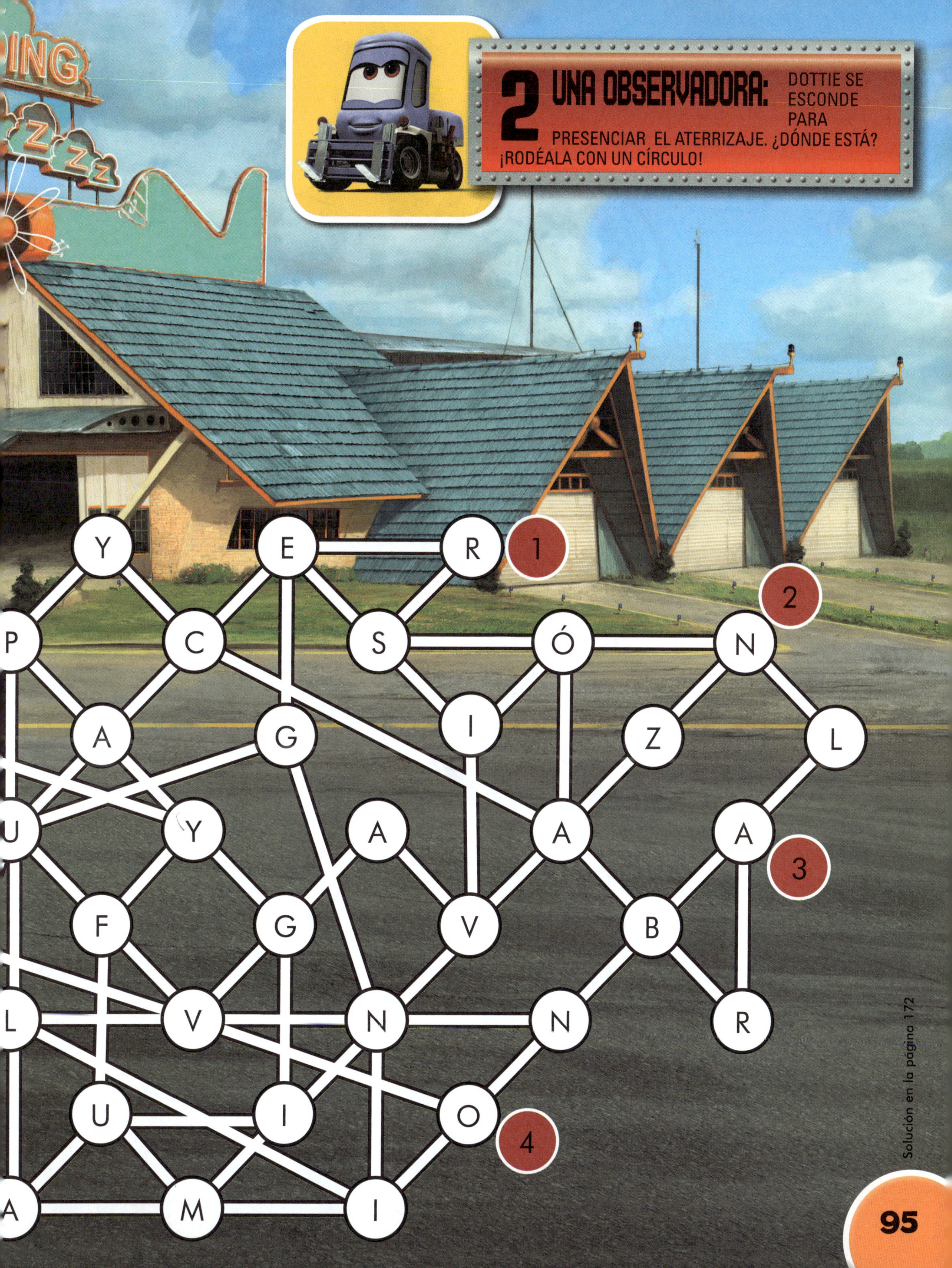

Solución en la página 172

Colorea
GRAN TORMENTA
7
7
DUSTY TIENE QUE PRESTAR ATENCIÓN A LAS ENORMES OLAS. ¡DALE UN TOQUE DE COLOR A ESTA ESCENA! ¡DEJA VOLAR TU IMAGINACIÓN!

MISIÓN DE RESCATE

Pasatiempo

1 MAYDAY, MAYDAY: DUSTY HA PEDIDO **AUXILIO** Y NECESITA QUE LO AYUDEN ENSEGUIDA. ENTRE LOS **35 RADARES** SIGUIENTES, HAY UNO **SIN UN PAR IGUAL**, QUE ES EL QUE MUESTRA **SU POSICIÓN.** ¡ENCUÉNTRALO!

Solución en la página 172

Aviones: la película (parte 4)

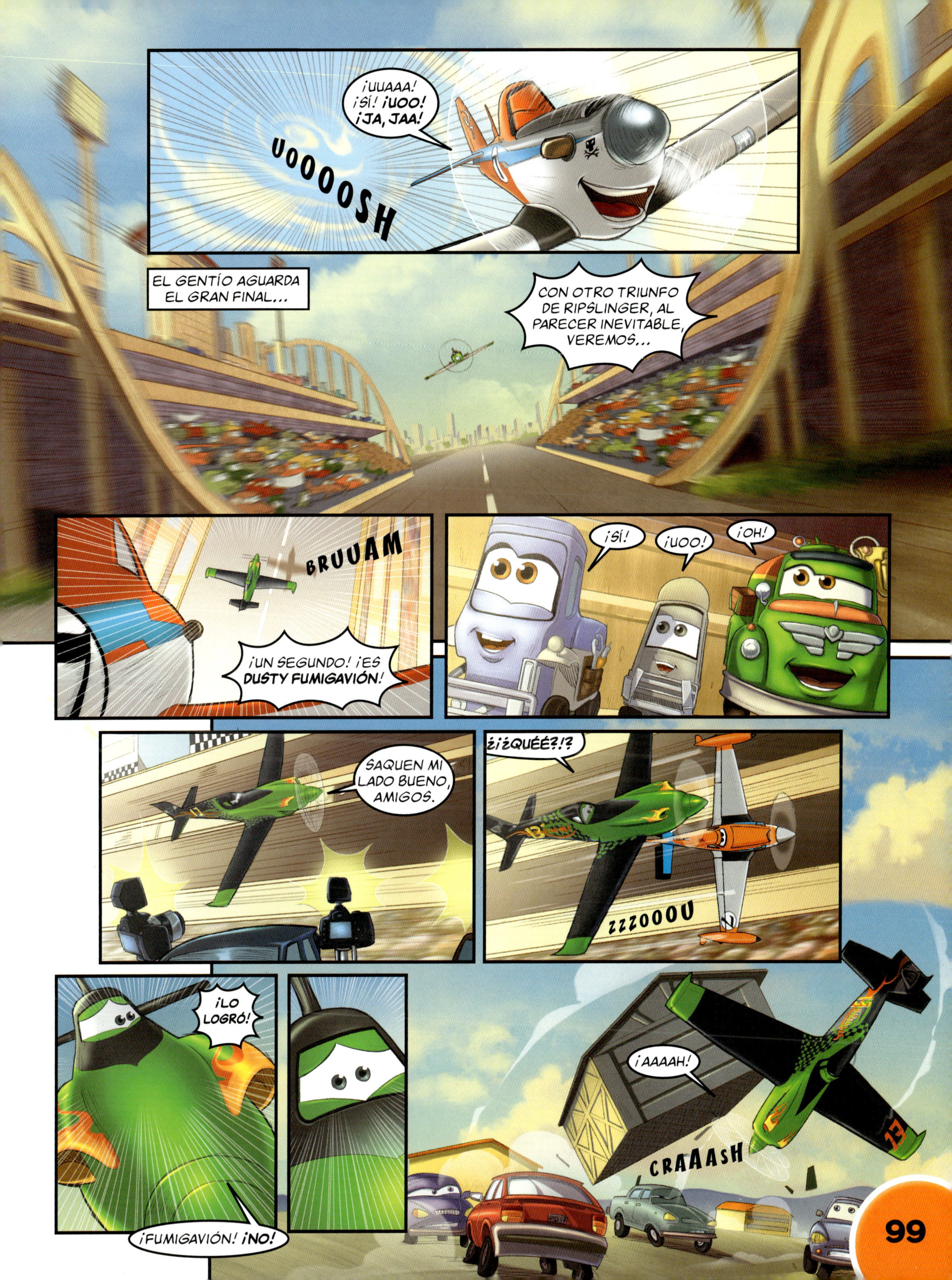
¡UUAAA!
¡SÍ! ¡UOO!
¡JA, JAA!
UOOOOOSH
EL GENTÍO AGUARDA
EL GRAN FINAL...
CON OTRO TRIUNFO
DE RIPSLINGER, AL
PARECER INEVITABLE,
VEREMOS...
BRUUAM
¡UN SEGUNDO! ¡ES
DUSTY FUMIGAVIÓN!
¡SÍ!
¡UOO!
¡OH!
SAQUEN MI
LADO BUENO,
AMIGOS.
¿¿QUÉÉ?!?
ZZZOOOU
¡LO
LOGRÓ!
¡FUMIGAVIÓN! ¡NO!
¡AAAAH!
CRAAASH

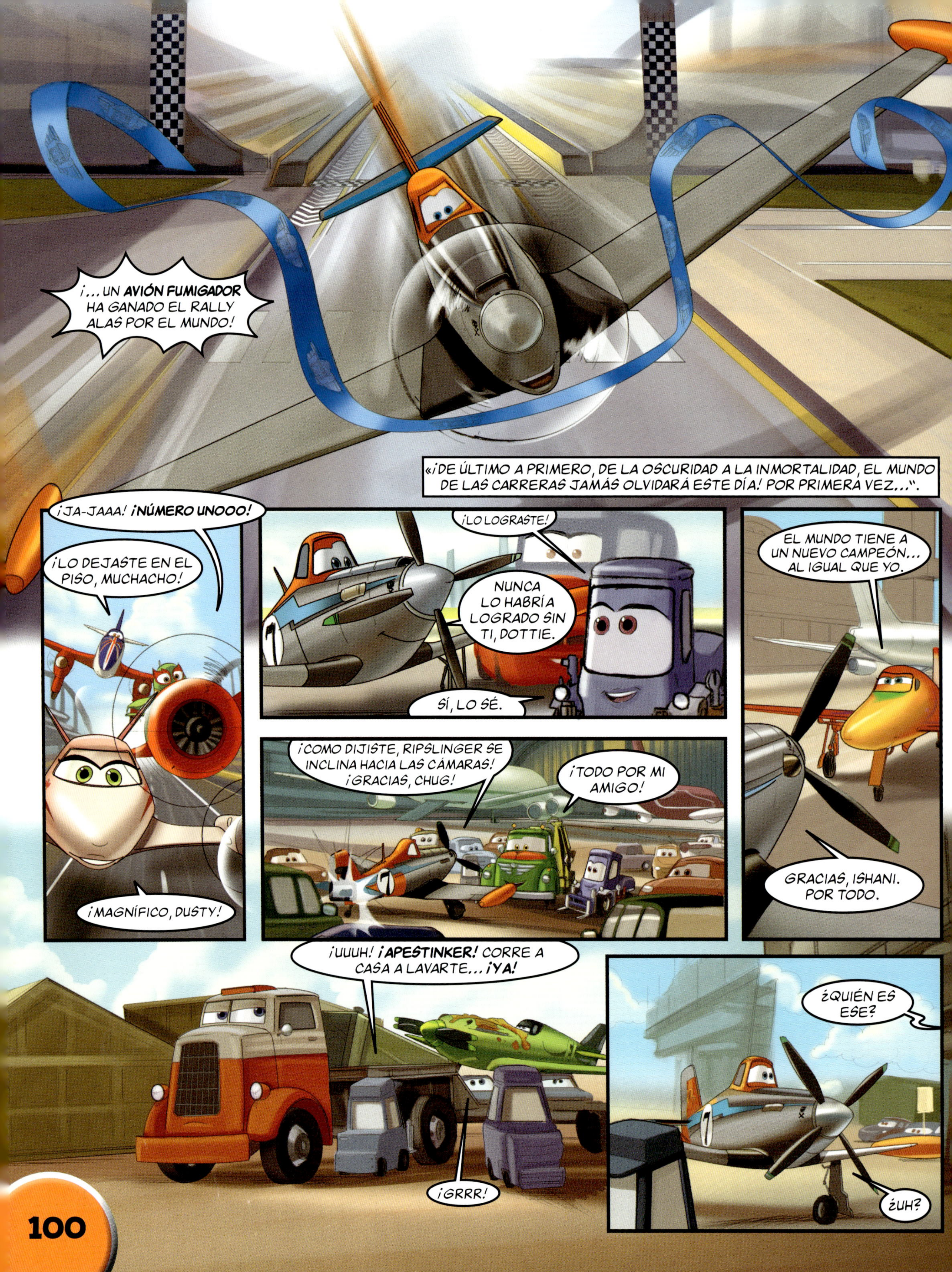
¡... UN **AVIÓN FUMIGADOR** HA GANADO EL RALLY ALAS POR EL MUNDO!
«¡DE ÚLTIMO A PRIMERO, DE LA OSCURIDAD A LA INMORTALIDAD, EL MUNDO DE LAS CARRERAS JAMÁS OLVIDARÁ ESTE DÍA! POR PRIMERA VEZ...".
¡JA-JAAA! **¡NÚMERO UNOOO!**
¡LO DEJASTE EN EL PISO, MUCHACHO!
¡MAGNÍFICO, DUSTY!
¡LO LOGRASTE!
NUNCA LO HABRÍA LOGRADO SIN TI, DOTTIE.
SÍ, LO SÉ.
EL MUNDO TIENE A UN NUEVO CAMPEÓN... AL IGUAL QUE YO.
GRACIAS, ISHANI. POR TODO.
¡COMO DIJISTE, RIPSLINGER SE INCLINA HACIA LAS CÁMARAS! ¡GRACIAS, CHUG!
¡TODO POR MI AMIGO!
¡UUUH! **¡APESTINKER!** CORRE A CASA A LAVARTE... **¡YA!**
¡GRRR!
¿QUIÉN ES ESE?
¿UH?

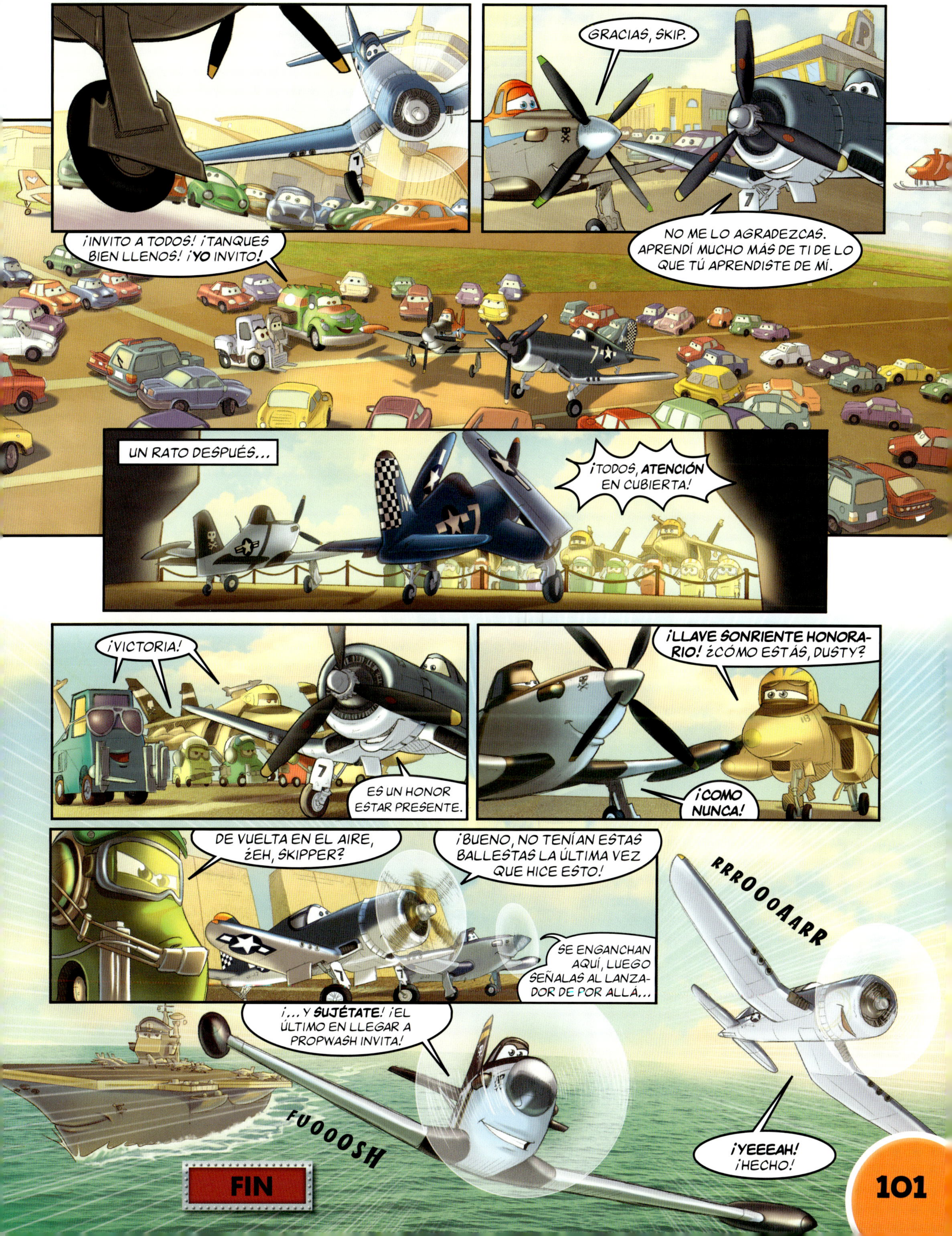

GRACIAS, SKIP.
¡INVITO A TODOS! ¡TANQUES BIEN LLENOS! ¡**YO** INVITO!
NO ME LO AGRADEZCAS. APRENDÍ MUCHO MÁS DE TI DE LO QUE TÚ APRENDISTE DE MÍ.
UN RATO DESPUÉS...
¡TODOS, **ATENCIÓN** EN CUBIERTA!
¡VICTORIA!
ES UN HONOR ESTAR PRESENTE.
¡**LLAVE SONRIENTE HONORARIO!** ¿CÓMO ESTÁS, DUSTY?
¡**COMO NUNCA!**
DE VUELTA EN EL AIRE, ¿EH, SKIPPER?
¡BUENO, NO TENÍAN ESTAS BALLESTAS LA ÚLTIMA VEZ QUE HICE ESTO!
SE ENGANCHAN AQUÍ, LUEGO SEÑALAS AL LANZADOR DE POR ALLÁ...
¡... Y **SUJÉTATE**! ¡EL ÚLTIMO EN LLEGAR A PROPWASH INVITA!
RRROOOAARR
FUOOOSH
¡YEEEAH! ¡HECHO!
FIN

Cuento

¡LA GRAN IDEA DE MATE!

¡BIENVENIDOS A LA TIENDA DE ACCESSORIOS INTERNACIONALES DE MATE!

¡MINIVANS! ¡SUPERMINIS! ¡VEHÍCULOS FAMILIARES Y DEPORTIVOS!

¡BUENAS! ¡QUISIERA ESTO!
¡ESTUPENDO, AMIGO! ¿SABE QUIÉN ME LO DIO A MÍ?

¡MI COMPAÑERO MAESTRO ZEN! ¡UN TIPO DURO DE VERDAD!

ESTABA EN LA FIESTA DEL GRAN PRIX MUNDIAL CON MI MEJOR AMIGO, RAYO McQUEEN, CUANDO...

UN RATO DESPUÉS...
¡... Y LE DIJE QUE HABÍA HECHO UN BUEN TRABAJO! ¡SACÓ TODAS LAS HOJAS!
¡GRAN HISTORIA, MATE!

¡GRACIAS!
¡ESPERO QUE VUELVAS, GEORGE!

¡QUIERO ESTO!
¡EXCELENTE ELECCIÓN! ¡PROCEDE DE PARÍS! ¡ESTUVE ALLÍ CON MI CHICA Y UN AGENTE SECRETO!
ACABABA DE LLEGAR AL AEROPUERTO CUANDO...
UNA HISTORIA TRAS OTRA...

... Y UN CLIENTE TRAS OTRO...
¡PORTO CORSA, ITALIA! ¡TIENES QUE IR AHÍ, FRANCIS! CUANDO LLEGUÉ NO PODÍA CREER QUE...

¡... Y AL FIN ACABÓ EL DÍA!
¿QUÉ? ¿CÓMO FUE EL PRIMER DÍA?
ACCESORIOS DE MATE
¡CERRADO!

¡GENIAL! ¡ME DESHICE DE TODO!
CERRADO
¿EN UN SOLO DÍA? ¡UAU!

¿CÓMO LO HICISTE? ¿LO REBAJASTE TODO A MITAD DE PRECIO?

¿PRECIO? ¡NO, TODO ERA GRATIS!
¡¿GRA-TIS?!
PERO... PERO...
¿QUÉ QUIERES DECIR CON GRATIS? ¿NO GANASTE NI UN CENTAVO?

¡NO, PERO SÍ HICE MUCHOS AMIGOS CONTANDO MIS HISTORIAS! ESTÁ...
... GEORGE, FRANCIS, ALEX, ANDREW, SARAH, CHRISTINE, MICHAEL, VALENTINE, NICHOLAS, ADRIAN, JON, NED...

¿SABES QUÉ? MATE ES EL MEJOR...
¡SIN DUDA ALGUNA, FILLMORE!
Fin

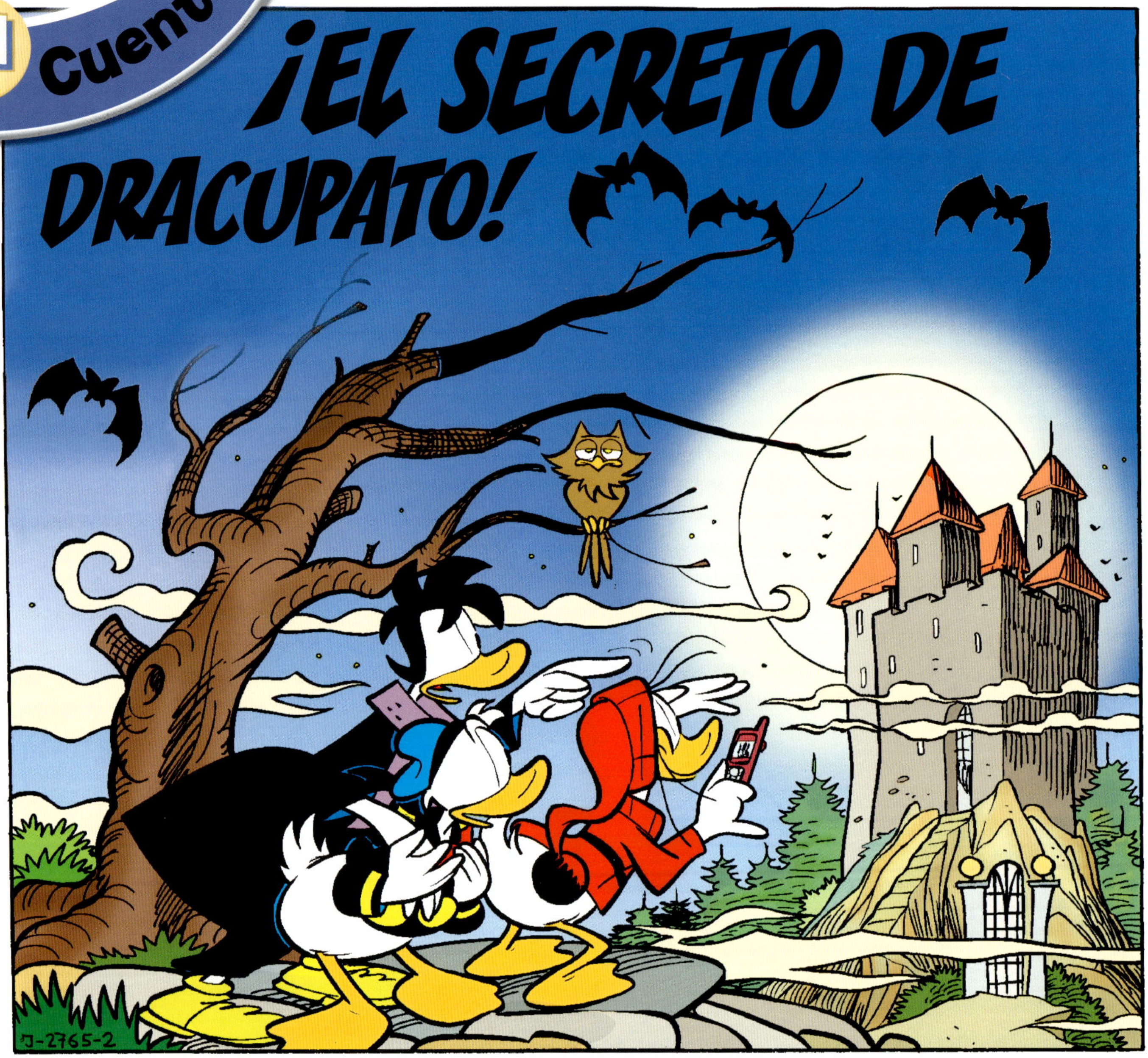

Cuento

¡EL SECRETO DE DRACUPATO!

EL PATO DONALD Y PATOSO HAN SIDO CONTRATADOS COMO ASISTENTES DEL MAGO DUCKDINI. DUCKDINI ESTÁ PREPARANDO UN ESPECTÁCULO PARA SCROOGE TV. POR DESGRACIA, UN HECHIZO HA CONVERTIDO A DUCKDINI EN UN GRAN COBARDE, ¡Y LA POCIÓN DE LA VALENTÍA ESTÁ EN EL CASTILLO DEL VAMPIRO DRACUPATO!

¡AQUÍ ES DON-DE EL HOM-BRE LOBO COCI-NÓ MI-LES DE VÍC-TI-MAS EN SAL DES-PUÉS DE ATRA-PAR-LAS EN EL BOS-QUE!
HUEVO
¡GLUP! ¡ESPERO QUE LUEGO SE CONVIRTIERA EN VEGETARIANO!
CLIC
CLIC
CLIC
¡ACHÍS! DISCULPE, SRTA. MOMIA, ¿ME DA UN TROZO DE VENDAJE? ¡ME QUEDÉ SIN PAÑUELOS!

¡EL CASTILLO DEL VAMPIRO DRACUPATO! ¡ESTE SITIO REZUMA HORROR...! ¡AÚN NO ME CREO QUE **ESTÉ ENTRE ESTAS PAREDES**!
CLIC

N-N-NI YO... **BRRR...** ¿N-NO PODEMOS IRNOS DE AQUÍ?
¿DESPUÉS DEL **LARGO CAMINO** QUE HICIMOS PARA LLEGAR? ¡OLVÍDALO!

¡Y ADEMÁS, TODOS ESOS MONSTRUOS **SOLO SON UNA ATRACCIÓN** TURÍSTICA! ¡TEN UN POCO DE **VALENTÍA**!
VA-VA-VALENTÍA ES EXACTAMENTE LO QUE VINIMOS **A BUSCAR**...

¡Y PRONTO **LA ENCONTRAREMOS**! ¡MIRA, AHÍ ESTÁ **LA BIBLIOTECA**!
BIBLIOTECA

¡VAMOS, SI HAY UN LUGAR EN EL QUE PUEDA ESTAR EL LIBRO CON LA POCIÓN DE LA VALENTÍA, ES DETRÁS DE ESA PUERTA!
BIBLIOTECA
¡ALTO!

¡ENT-RADA PRO-HIBIDA! ¡NO PUE-DEN ENT-RAR!

PERO MM... UM... ¡SOLO SOMOS ESTUDIANTES QUE BUSCAMOS LIBROS RAROS!
CLIC

¡EN EL DESGUA-CE DEL PUE-BLO SE-GURO QUE HAY MONT-ONES DE LIBROS VI-EJOS! ¡VA-YAN AHÍ!
?!

¡MIRA, DONALD! ¡UNA FOTO CON EL MONSTRUO DE FRANKENSTEIN! ¡TODOS LOS MIEMBROS DE AMIGOS DE LA ASOCIACIÓN DESACREDITADA ME ENVIDIARÁN!
¡BFFFF!

¿QUIERES DEJAR DE DAR LA LATA CON EL CELULAR? ¡TENEMOS QUE ENCONTRAR UNA MANERA DE ENTRAR EN LA BIBLIOTECA O NUNCA CURAREMOS A DUCKDINI!

A VER, ¿CUÁL ES EL PROBLEMA? NOS ESCONDEMOS EN EL CASTILLO HASTA LA NOCHE Y CUANDO LOS GUARDAS DE SEGURIDAD SE VAYAN PODREMOS ACTUAR SIN QUE NADIE NOS MOLESTE.
¡VAYA, PATOSO, A VECES TU INGENIO ME SORPRENDE!

¡JE, JE! ¡LOS PLANES MÁS SENCILLOS SUELEN SER LOS MEJORES!

¡GRRR! TÚ Y TUS PLANES...

¡ME TUVE QUE ESCONDER EN UN BARRIL DE ACEITE DE FRANKENSTEIN! ¡PUAJ!
¡NI SIQUIERA UN CONTORSIONISTA SE ESCONDERÍA EN UN ATAÚD COMO ESTE! ¡AY!
ACEITE

¡OKAY, VÁMONOS! ¡NO HAY MOROS EN LA COSTA!

UHHH...D-D-DONALD... ¿RECUERDAS CUANDO DIJISTE QUE LOS MONSTRUOS SOLO ERAN UNA ATRACCIÓN TURÍSTICA?

¡TE EQUIVOCASTE!
¡YA ME HE CANSADO DE LOS TURISTAS MOCOSOS QUE ME DESENVUELVEN LOS VENDAJES!
CLANG
¡Y DE LOS QUE ME ARRANCAN MECHONES DE PELO COMO RECUERDO! A ESTE RITMO...
ACEITE
... SERÉ EL PRIMER **HOMBRE LOBO CALVO** DE TRANSILVANIA! ¡SNIF!

¡EEEH! **¡US-TED-ES,** PATOS! ¿QUÉ E-ESTÁN HACIEN-DO A-ÚN A-QUÍ?
!?

¿Y-Y-Y USTEDES, MONSTRUOS?
¡GRRRR! ¡VIVIMOS AQUÍ!

¿ESTO QUÉ ES? ¿UN **CONGRESO DE MONSTRUOS**? PENSABA QUE ESTO ERA EL CASTILLO DEL VAMPIRO DRACUPATO!

¡LO ES! ¡NOSOTROS SOMOS SUS **LEALES ASISTENTES**!

HACE MUCHO TIEMPO QUE AYUDAMOS A NUESTRO AMO EN SU NOBLE TAREA...
¡EVITA QUE LOS SERES MALVADOS DE ESTA REGIÓN VAGUEN POR EL MUNDO!

HACE TIEMPO, DRACUPATO NOS CONTÓ QUE DEBÍA PREPARARSE PARA AFRONTAR A UN TERRIBLE ENEMIGO. ENTONCES SE ENCERRÓ EN LA BIBLIOTECA Y NOS ORDENÓ QUE NO LO IMPORTUNÁRAMOS.

¡Y NO HA SALIDO DESDE ENTONCES! ES EL QUE NOS PAGABA. PERO CUANDO EMPEZAMOS A IR MAL DE DINERO...

... ¡SE NOS OCURRIÓ ABRIR EL CASTILLO A LOS TURISTAS PARA GANAR ALGO DE DINERO!

¿CUÁNTO TIEMPO LLEVA ENCERRADO EN LA BIBLIOTECA?

¡DOSCIENTOS AÑOS!
¡UN MES MÁS, UN MES MENOS!

¡VAYA! ¿Y NUNCA HAN PENSADO QUE QUIZÁS SEA HORA DE VER CÓMO ESTÁ?
¡NO! ¡NOS ORDENÓ NO ABRIR LA PUERTA!
¡EL A-MO SE ENF-ADARÁ CON NO-SO-TROS!

¡BAH! ¡PUES ENTRO YO! ¡ADEMÁS YA ESTOY ACOSTUMBRADO A LOS ESTALLIDOS DE FURIA DE TÍO SCROOGE!

¿CONDE DRACUDUCK? ¿SR. VAMPIRO? ¿LE MOLESTO? SOLO QUEREMOS BUSCAR UN LIBRO...

¡OH...!

PERO... ¡SI ESTÁ VACÍO! ¡AQUÍ NO HAY NADIE!

Continuará...

Pasatiempo
¡REX, CORRE!
Los juguetes se divierten con un juego de dinosaurios. Trixie, Rex y otros dinosaurios persiguen a Woody y a Buzz. Únete a la diversión resolviendo estos enigmas prehistóricos.
¡EMPIEZA LA PERSECUCIÓN!
2
¿Qué huella de dinosaurio es la más grande?
¡PRUEBA CON TU SUPERRUGIDO, REX!
¿A QUIÉNES LLAMAS FÓSILES?
A
B
C
D

1
¡Cuidado!
¿Te ves capaz de darle color a Woody y a Buzz para ayudarlos a escapar?
¡MISIÓN CUMPLIDA!
PÍNTALO CUANDO ACABES.
¡ESPERA!
¡GROAR!
¡CORRE!
ANDY
3
¿Cuántos dinosaurios hay en total?
Solución en la página 172

Colorea
SIN CARA
Alguien acaba de jugar con el Sr. Cara de Papa y le faltan las partes de la cara.
Ayuda a los juguetes a armar de nuevo al Sr. Cara de Papa dibujándole las partes que le faltan, ¡y luego coloréalo!
Hemos dibujado una parte como ejemplo.
¡ESTOY HECHO UN LÍO!
¡MISIÓN CUMPLIDA!
PÍNTALO CUANDO ACABES.

ORDEN DIVERTIDO
Pasatiempo
RC, Woody y Buzz intentan convertir la tarea de ordenar en un juego divertido. Encuentra los siguientes objetos en la escena, y márcalos a medida que los veas.
¡MISIÓN CUMPLIDA!
PÍNTALO CUANDO ACABES.
Bota
Balón
Botón
Batería
117

ALERTA: INVASOR

1 Buzz alerta al Comando Estelar acerca de un invasor. Descubre con el código quién es, y escribe su nombre en los espacios.

2 **MISIÓN DEFENSIVA**

¿A quién ha pedido ayuda Buzz para defender a los juguetes del invasor? Observa los primeros planos siguientes para averiguarlo.

Solución en la página 172

EN UNA MISIÓN

El intrépido Buzz no parece tener miedo cuando se enfrenta a una misión. Con líneas, coloca cada pieza en su lugar correspondiente de la escena. ¿Cuál sobra?

1 2 3 4

¡MISIÓN CUMPLIDA!

PÍNTALO CUANDO ACABES.

A B C D E

Solución en la página 172

Solución en la página 172

Solución en la página 172

ANTES DE COMPETIR

1 ¡DI PAPAAAAA!

RIPSLINGER ADORA POSAR ANTE LOS PAPARAZZI. HAY SIETE DIFERENCIAS ENTRE LAS DOS FOTOGRAFÍAS DEL CORREDOR. ¡ENCUÉNTRALAS Y MÁRCALAS!

Solución en la página 173

2 ¡PASIÓN POR LAS PLACAS!

TODO COMPETIDOR TIENE MONTONES DE FANS, Y TODO FAN QUIERE LLEVAR UNA PLACA DE SU HÉROE. OBSERVA LAS PLACAS QUE HAY EN LA CAJA Y CUENTA CUÁNTAS SE HAN VENDIDO DE CADA CORREDOR. ESCRIBE LOS NÚMEROS AL LADO DE CADA NOMBRE.

RIPSLINGER ...

DUSTY ...

EL CHUPACABRA ...

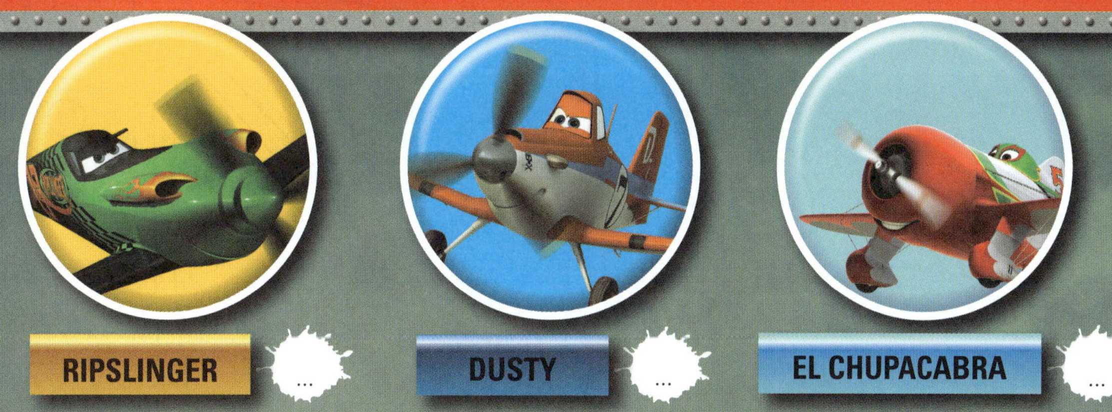

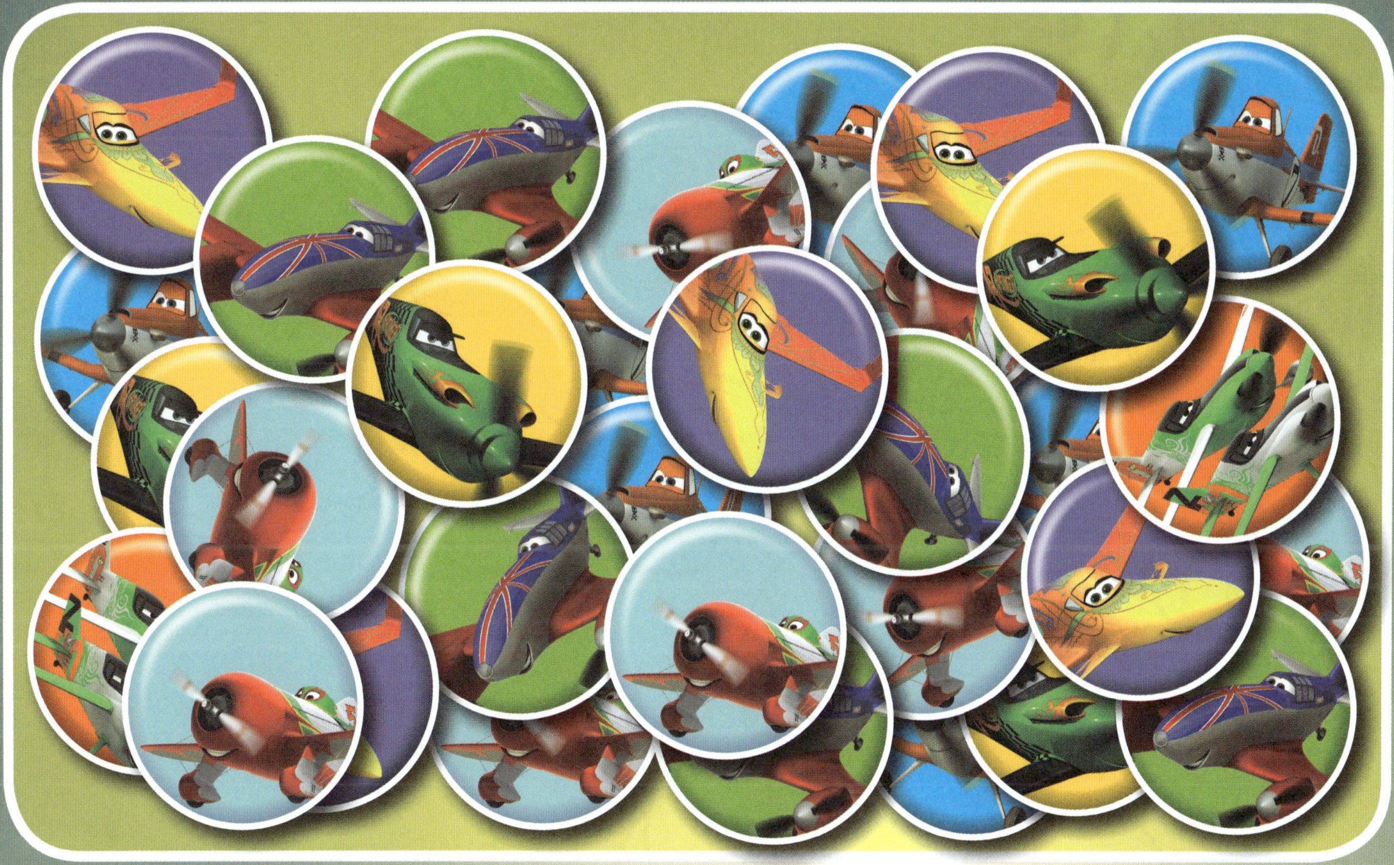

BULLDOG ...

ISHANI ...

NED Y ZED ...

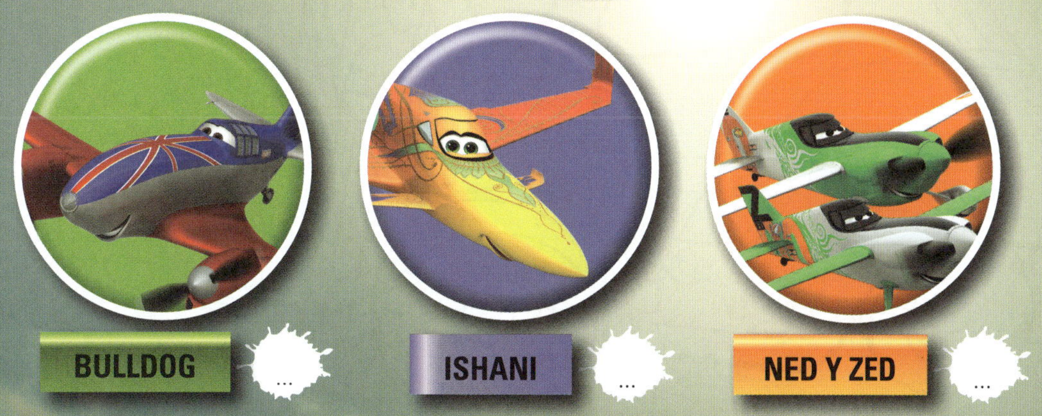

Solución en la página 173

Colorea
CHUG Y DOTTIE MIRAN
A DUSTY EN TELEVISIÓN.
COLOREA ESTA ESCENA.

¡RIPSLINGER PASA A TODA VELOCIDAD! DALE COLOR A ESTA ESCENA. ¡DEJA VOLAR TU IMAGINACIÓN!

Pasatiempo

JUEGOS DE PROPWASH

1 LLENA EL TANQUE, CHUG:

OBSERVA LA SIGUIENTE SECUENCIA DE GOTAS DE COMBUSTIBLE. APARECE 4 VECES EN LA TABLA, DE IZQUIERDA A DERECHA. MIRA EL EJEMPLO Y LUEGO ENCUENTRA LAS OTRAS 3 SECUENCIAS.

2 SOÑANDO CON EL RALLY:

DUSTY **ROCÍA** UN CAMPO DE TRIGO MIENTRAS SUEÑA CON EL RALLY. **COMPLETA** LA ESCENA **PONIENDO** LOS **6 DETALLES** QUE FALTAN.

Solución en la página 173

3 HOGAR, DULCE HOGAR: DESPUÉS DE UN DURO DÍA DE TRABAJO, DUSTY SE MERECE UN DESCANSO. AYÚDALO A REGRESAR AL HANGAR.
INICIO
PROPWASH JUNCTION
PROPWASH JUNCTION
MINNESOTA
FINAL
Solución en la página 173

¡El secreto de Dracupato! (parte 2)

¡ESO ES **IMPOSIBLE**! ¡NUNCA VI MARCHAR AL AMO!

¡YO TAM-PO-CO!

BIBLIOTECA

¡QUÉ RARO!

ESPERA UN SEGUNDO, NO TE MUEVAS...

CLIC

¡TENGO MIEDO...!

EL SEÑOR DE LOS COLMILLOS... RECETAS: BOCADOS FÁCILES... EL VAMPIRO PROMETIDO... ¡AIS!
EL VAMPIRO PROMETIDO
RECETAS: BOCADOS FÁCILES

¡POCIONES Y CALDEROS! EH, ¡PUEDE QUE SEA ESTE!

¡FFFF! ¿ESCUCHASTE DECIR ALGO A PATOSO?
¡AH! ¡ME DA MIEDO EL POLVO! ¡TIENE ÁCAROS!
POOF

¿¿PATOSO??

¡AAAH! ¡HA... HA DESAPARECIDO TAMBIÉN!
¡MUY DIVERTIDO, PRIMO! ¿EN SERIO TE PARECE EL MOMENTO PARA JUGAR A LAS ESCONDIDAS?

¡ME PARECE QUE NO ES NINGUNA BROMA! ¡NUNCA SE HUBIERA MARCHADO SIN SU CELULAR!

¡Y HAY ALGO MÁS QUE NO ME CUADRA! ¡MIRA ESTA FOTO!

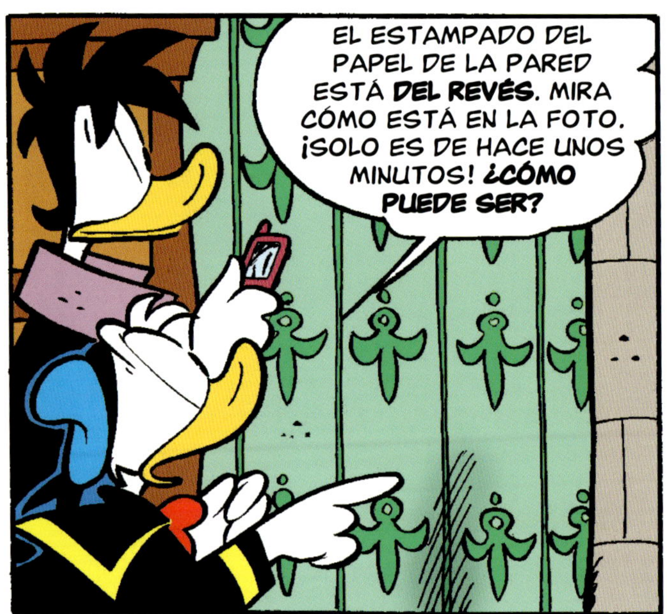
EL ESTAMPADO DEL PAPEL DE LA PARED ESTÁ **DEL REVÉS**. MIRA CÓMO ESTÁ EN LA FOTO. ¡SOLO ES DE HACE UNOS MINUTOS! **¿CÓMO PUEDE SER?**

BLINC

FRUUU

GROOAR

¡AAAH! ¡HAY UN MONSTRUO EN LA PARED!
NO, ¡EL MONSTRUO... ES LA PARED!
¡GROOOAR!

¡CORRE!

¡CHOMP!

D-DONALD... A-MIGO... ¿DÓNDE FUISTE?

SWIISHH
¡A-A-A-AHHH!

¡AY!
¡BUEN ATERRIZAJE, PRIMO!
PLOP

TE PRESENTO A... ¡EL CONDE DRACUPATO!

¿ASÍ QUE HAN VENIDO A COMPARTIR MI LAMENTABLE DESTINO? NO SOLUCIONARÁ NADA, PERO AL MENOS TENDRÉ A ALGUIEN CON QUIEN JUGAR A CARTAS!

¿QUÉ ES ESE MONSTRUO? ¿CÓMO LLEGASTE AQUÍ?
AHORA TE CUENTO...

HACE DOSCIENTOS AÑOS, ESTABA A PUNTO DE ENFRENTARME A ESE SER, ¡EL INFESTOR! FUI A LA BIBLIOTECA A BUSCAR EL LIBRO MÁGICO PARA CONJURAR UNA TRAMPA MÍSTICA...

«¡... PERO EL MONSTRUO FUE MÁS RÁPIDO QUE YO! YA SE HABÍA INFILTRADO EN EL CASTILLO CAMUFLÁNDOSE EN LAS PAREDES...».
POCIONES Y CALDEROS

«... ¡Y ME ATACÓ **ANTES** DE QUE PUDIERA TERMINAR EL HECHIZO!».

«POR SUERTE YA HABÍA COLOCADO EL LIBRO, ASÍ QUE EL MONSTRUO SE QUEDÓ **ATRAPADO**, HIBERNANDO EN LA BIBLIOTECA...».
ZOT

... ¡Y COMO ESTOY ATRAPADO AQUÍ, EN SU ESTÓMAGO, NO PUEDO **TERMINAR** EL HECHIZO PARA DESTRUIRLO!

MMM... LO QUE DRACUPATO AÚN NO TE HA DICHO ES QUE EL LIBRO MÁGICO ERA EL QUE YO **MOVÍ**...

... ¡ASÍ QUE EL MONSTRUO **SE DESPERTÓ** DE SU ESTADO DE HIBERNACIÓN!
GROAR

¡UUUH! CREO QUE SOLO HAY UNA MANERA DE SALVAR A MIS AMIGOS... AUNQUE ESA MANERA ES LA QUE MÁS ME ASUSTA...

... DEBO QUEDARME AQUÍ SIN MOVERME Y DEJAR QUE EL MONSTRUO ME TRAGUE...

¡CHOMP!
¡ESPERO QUE EL TRUCO QUE HE PLANEADO...
... PARA **ATRAVESAR PAREDES** FUNCIONE!

¡AGÁRRENSE! **¡RÁPIDO!**

VOOOOSH

BLUUP

¡ESTUPENDO! ¡LO LOGRASTE!
ZOMP

¡DEPRISA, PON EL LIBRO MÁGICO EN LA ESTANTERÍA!

¡HECHO!
WHAAMP

¡GROOOAR!
ZWWOOONN

¡ES HORA DE **TERMINAR** MI TRABAJO!

FFFSH

¡FUERA! ¡DESAPARECE! ¡VUELVE A LAS SOMBRAS DE LAS CUALES SALISTE!
¡UN MOMENTO! ¡QUEMAR EL LIBRO NO FORMABA PARTE DEL PLAN! ¡O AL MENOS NO DEL MÍO!

VAMP

¡SE ACABÓ!
¡TAMBIÉN SE ACABÓ PARA MÍ! ¡AIS!

¡SIN ESOS LIBROS NO PUEDO RECUPERAR MI VALENTÍA! ¡MI CARRERA COMO MAGO SE ACABÓ!

¿RECUPERAR TU VALENTÍA? ¡EXPLÍCAMELO TODO!

LUEGO...
... ¡Y ESTO ES LO QUE ME HA OCURRIDO EN LAS ÚLTIMAS SEMANAS!
SIN LA POCIÓN DE VALENTÍA, DUCKDINI NO PUEDE HACER SUS TRUCOS MÁS DESAFIANTES...
... ¡Y NUESTRO TÍO NOS DESPLUMARÁ PORQUE NUESTRO ESPECTÁCULO DE TELEVISIÓN FRACASARÁ!
¡SNIF!
¡TCH! ¡CUÁNTO ESTRÉS INNECESARIO! ¿CREÍSTE HABER PERDIDO TU VALENTÍA?
«SI ESO FUERA CIERTO, ¿DÓNDE HABRÍAS ENCONTRADO LA VALENTÍA PARA DEJAR QUE UN MONSTRUO TE TRAGARA PARA SALVARNOS?».
«¿O LA SEGURIDAD PARA HACER DE CEBO ESA VEZ QUE ATRAPASTE UNOS FANTASMAS FALSOS EN EL HOTEL COLMILLO PODRIDO?».
«¿Y ESA VEZ EN QUE SUPERASTE TU MIEDO A LA OSCURIDAD Y SALVASTE A TUS AMIGOS DE UNAS MALVADAS SOMBRAS ENCANTADAS?».

¡NO, TÚ NUNCA PERDISTE TU VALENTÍA! PORQUE LA VALENTÍA DE VERDAD VIENE DE LA FUERZA DE LA AMISTAD...

... ¡Y TIENES GRANDES AMIGOS CON LOS QUE SIEMPRE PUEDES CONTAR!

¡BFFF! NO COMO ESOS BUFONES QUE SE LLAMAN MIS ASISTENTES QUE ME DEJARON EN EL ESTÓMAGO DEL MONSTRUO DURANTE DOSCIENTOS AÑOS SIN NI SIQUIERA VENIR A VER SI NECESITABA UN SACAPUNTAS PARA MI LÁPIZ...

ASÍ PUES...
BRUUUM

¿QUIÉN SE HUBIERA IMAGINADO QUE EL VAMPIRO DRACUPATO ES UN SABIO FILÓSOFO QUE LUCHA CONTRA LAS FUERZAS DEL MAL?

¡YA, QUÉ DECEPCIÓN! ¡CREO QUE HASTA BORRARÉ LAS FOTOS! ¿A QUIÉN LE VA A INTERESAR UN VAMPIRO SIMPÁTICO?
Bip
Bip
Bip

¡AMIGOS, ESTA AVENTURA ME HA HECHO REFLEXIONAR! HE TOMADO UNA DECISIÓN IMPORTANTE...

... ¡CREO QUE LO QUE LES DIRÉ LES VA A SORPRENDER!

P.D.P.
Televisión
¡¿QUÉÉÉÉÉ?! ¿EL MAGO DUCKDINI YA NO QUIERE HACER MÁS ESPECTÁCULOS?!

¡DICE QUE NO NECESITA HACER MAGIA PELIGROSA **PARA DEMOSTRAR** QUE ES VALIENTE!
Y QUE PREFIERE **ENSEÑAR** TRUCOS SENCILLOS A LOS ESPECTADORES PARA QUE PUEDAN UTILIZARLOS PARA ENTRETENER A SUS AMIGOS.

¡CUAC! ¿Y QUÉ PASA CON LOS CONTRATOS Y LOS PATROCI-NADORES?
¡EH! ¡NO ES NUESTRO PROBLEMA! ¡HÁBLALO CON EL MAGO!
¡PODRÍA HACERLOS **DESAPARECER** ANTES DE QUE TENGAS QUE PAGAR LA SANCIÓN!
FIN

Cuento

OLIMPIADAS DE JUGUETES

«... SERÁN CAMPEONES EN CORRER...»,
¿REX? ¿QUÉ HACES?
¡QUIERO SABERLO TODO SOBRE LOS DEPORTES, ENTRENADOR LIGHTYEAR!
REGLAS DEPORTIVAS

«... SALTAR OBSTÁCULOS...»,
¡NO! ¡DEBES SALTAR POR ENCIMA DE LOS OBSTÁCULOS!

«... LEVANTAR PESOS...»
QUIZÁS ES MEJOR EMPEZAR CON MENOS, WOODY...

«... ¡Y NADAR!».
AIS...

¡DE ACUERDO, AÚN TENEMOS SEIS DÍAS!

GRACIAS A LA PERSE-VERANCIA DE BUZ...
¡UAU! ¡ME ENCANTA EL BÁDMINTON!

... DESPUÉS DE UNA LARGA SEMANA DE ENTRENAMIENTOS...
¡GRAN SALTO, TIRO AL BLANCO!

... ¡YA ESTÁN PREPARADOS PARA LAS OLIMPIADAS!

¿LISTOS?

¡ADELANTE!

PERO...
LO SIENTO, BUZZ... ¡LAS OLIMPIADAS DE OTOÑO SE CANCELARON DEBIDO A LA NIEVE!
OH, NO...
¿PARA QUÉ ME SIRVIÓ APRENDERLO TODO SOBRE EL BÁDMINTON?

UN SEGUNDO...
¿DIJISTE NIEVE, TRIXIE?
SÍ... ¿POR QUÉ?

¡VAMOS! ¡MÁS RÁPIDO!
¡LAS OLIMPIADAS DE INVIERNO VAN A EMPEZAR!

¿TAMBIÉN HAY OLIMPIADAS DE INVIERNO? ¿NO PODEMOS ESPERAR HASTA EL OTOÑO QUE VIENE?
¡PERO SI EMPIEZO A SER BUENO JUGANDO A BÁDMINTON!

FIN

SPA DE BONNIE

FIN

ESCAPADA HAWAIANA

Woody y los demás juguetes han hecho del dormitorio de Bonnie un espacio hawaiano para Barbie y Ken. Busca palabras hawaianas en esta sopa de letras.

B	A	L	O	H	A
V	A	U	O	U	W
S	L	A	J	L	J
M	X	U	I	A	S
D	N	E	N	E	E
O	K	A	I	T	S

Ve tachando las palabras a medida que las encuentres. Te damos un ejemplo.

¡ALOHA!

~~ALOHA~~ LUAU

HULA NENE

¿Lo sabías? El nene es el ave nacional de Hawái.

Solución en la página 173

Pasatiempo
DADOS Y SALTOS
1
SUMAS DE DADOS
ENCUENTRA LOS PARES DE DADOS DEL MISMO COLOR CUYA SUMA SEA 7 (POR EJEMPLO, 1 + 6, 2 + 5, Y 3 + 4) Y MÁRCALOS CON UNA X. LUEGO ANOTA EL VALOR DE LOS DADOS SOBRANTES ABAJO Y SÚMALOS TODOS.
1
3
6
6
2
2
3
1
4
5
5
3
2
2
1
1
5
4
6
TOTAL
6 + ... + ... + ... + ... = ...
Solución en la página 173
146

2

DE SALTO EN SALTO

JUEGO PARA DOS JUGADORES. COLOQUEN LAS FICHAS EN LA CASILLA DE INICIO, TIREN EL DADO POR TURNOS Y AVANCEN EL NÚMERO DE CASILLAS QUE INDIQUE EL DADO. LUEGO SALTEN A LA CASILLA SEÑALADA. SI ALGUIEN CAE EN UNA CASILLA NARANJA, DEBE ANOTARSE 1 PUNTO EN SU TABLA DE PUNTUACIONES.

Y EL GANADOR ES:
EL PRIMERO EN LLEGAR AL FINAL O EN COMPLETAR SU TABLA.

NECESITARÁS UN DADO Y DOS FICHAS.

Pasatiempo

JUEGOS DE CARSOLI

1 BUSCA LOS AUTOS

ENCUÉNTRALOS ENTRE LA MULTITUD.

LUIGI

GIUSEPPE MOTOROSI

FILLMORE

TÍO TOPOLINO

2 CUENTA NEUMÁTICOS

TÍO TOPOLINO HA DEJADO SUS NEUMÁTICOS REPARTIDO POR LA PIAZZA. AYÚDALO A RECUPERARLOS CONTANDO LA CANTIDAD QUE HAY DE CADA COLOR. ESCRIBE LAS CANTIDADES TOTALES AL LADO DE LOS NEUMÁTICOS.

Solución en la página 173

Solución en la página 173

Colorea
¡DALE COLOR A ESTA ESCENA!
¡INSPÍRATE EN ESTA INSTANTÁNEA
O DEJA VOLAR LIBRE TU
IMAGINACIÓN!

COLORES DE CARLA

COLORES QUE VAS A NECESITAR:

 NARANJA

 AMARILLO

 AZUL

 VERDE CLARO

 VERDE OSCURO

 MARRÓN

 GRIS OSCURO

 GRIS CLARO

Pasatiempo

JUEGOS DEL EQUIPO 95

1 HORA DE ORDENAR

¿CUÁNTAS HERRAMIENTAS DE CADA UNO DE LOS 5 TIPOS HAY EN TOTAL?

A ...
B ...
C ...
D ...
E ...

Solución en la página 173

2 ¡LO MEJOR PARA UN CAMPEÓN!

VARIAS SECCIONES DE LA PISTA PONEN A PRUEBA PARTES ESPECÍFICAS DE UN COMPETIDOR. ¡RELACIONA CADA PARTE DE LA DERECHA CON SU SILUETA CORRESPONDIENTE DE LA IZQUIERDA!

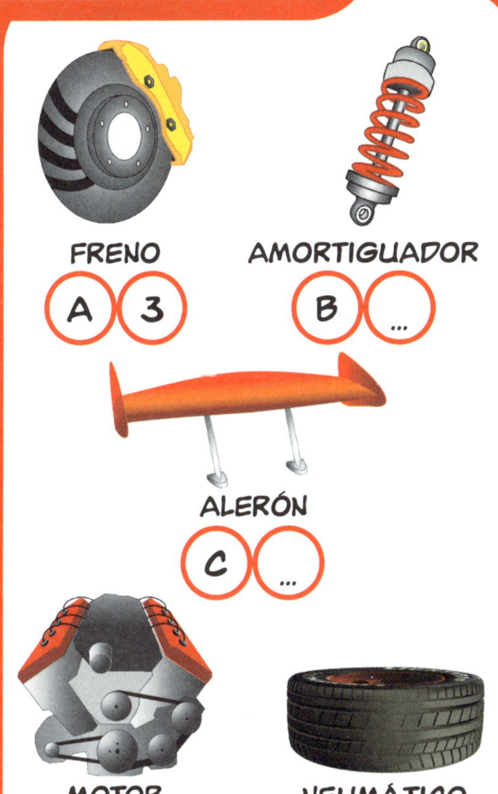

3 SUDOKU DE RAYO

EN CADA FILA, COLUMNA Y SECCIÓN DE 4 CUADRADOS SOLO SALEN UNA VEZ CADA UNO DE LOS FONDOS. ¡NO ADIVINES, USA LA LÓGICA!

Solución en la página 173

Colorea
¡PINTA TODA ESTA ESCENA!
INSPÍRATE EN LA INSTANTÁNEA
O DEJA VOLAR TU IMAGINACIÓN.

COLORES DE SHU

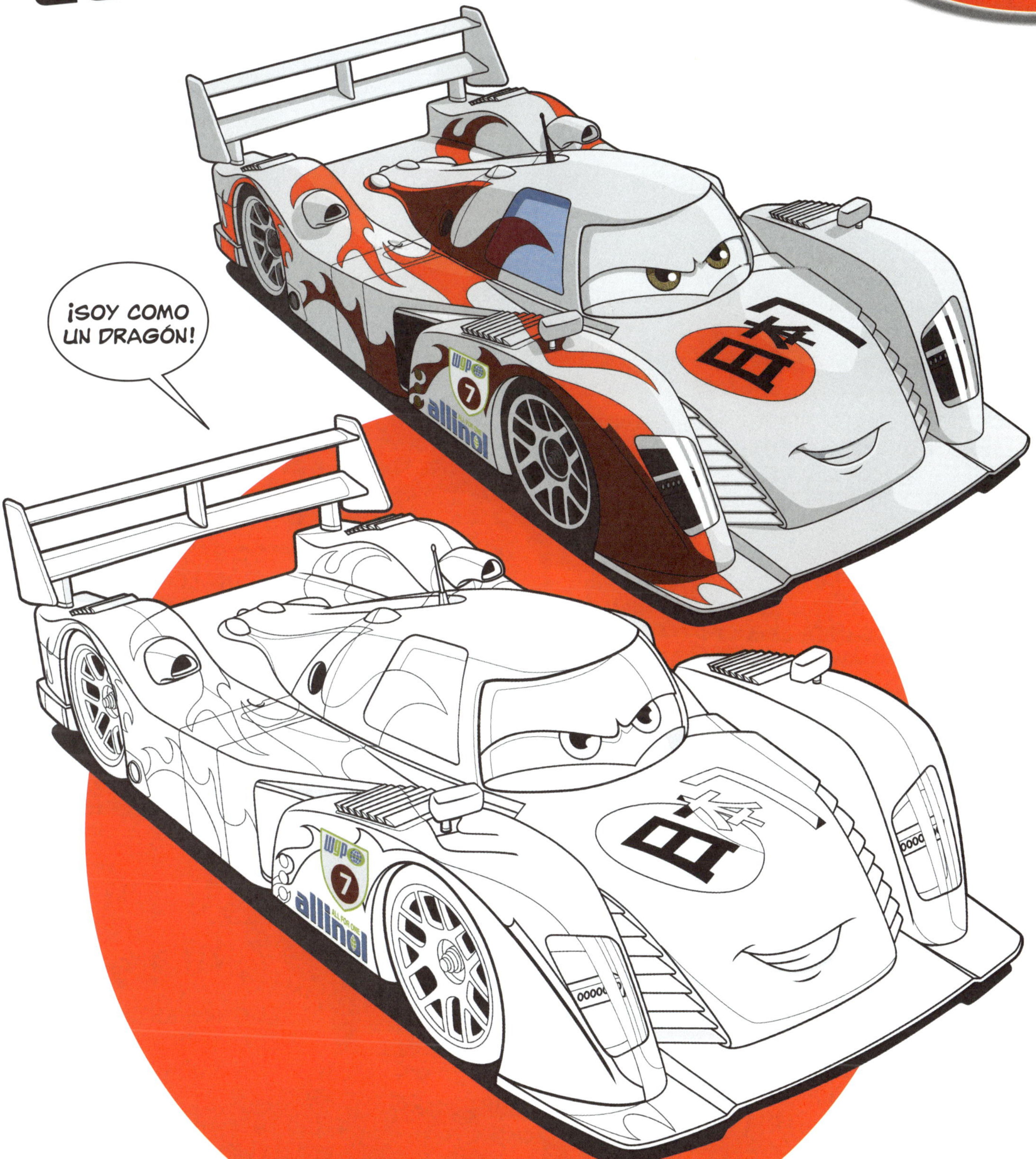

¡SOY COMO UN DRAGÓN!

COLORES QUE VAS A NECESITAR:

ROJO

ROJO CLARO

ROJO OSCURO

AZUL

AZUL CLARO

GRIS OSCURO

GRIS

GRIS CLARO

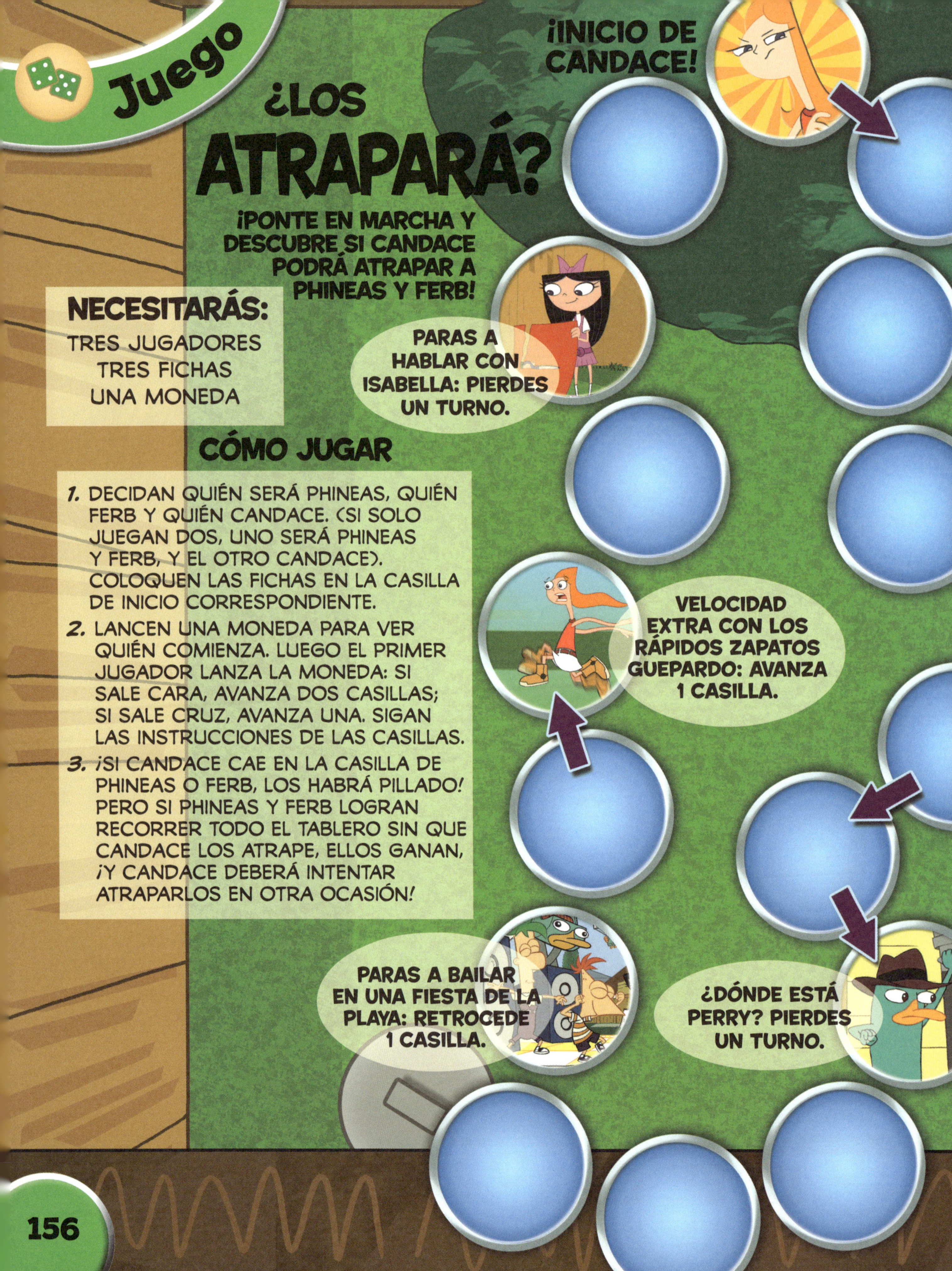

Juego

¿LOS ATRAPARÁ?

¡PONTE EN MARCHA Y DESCUBRE SI CANDACE PODRÁ ATRAPAR A PHINEAS Y FERB!

NECESITARÁS:

TRES JUGADORES
TRES FICHAS
UNA MONEDA

CÓMO JUGAR

1. DECIDAN QUIÉN SERÁ PHINEAS, QUIÉN FERB Y QUIÉN CANDACE. (SI SOLO JUEGAN DOS, UNO SERÁ PHINEAS Y FERB, Y EL OTRO CANDACE). COLOQUEN LAS FICHAS EN LA CASILLA DE INICIO CORRESPONDIENTE.
2. LANCEN UNA MONEDA PARA VER QUIÉN COMIENZA. LUEGO EL PRIMER JUGADOR LANZA LA MONEDA: SI SALE CARA, AVANZA DOS CASILLAS; SI SALE CRUZ, AVANZA UNA. SIGAN LAS INSTRUCCIONES DE LAS CASILLAS.
3. ¡SI CANDACE CAE EN LA CASILLA DE PHINEAS O FERB, LOS HABRÁ PILLADO! PERO SI PHINEAS Y FERB LOGRAN RECORRER TODO EL TABLERO SIN QUE CANDACE LOS ATRAPE, ELLOS GANAN, ¡Y CANDACE DEBERÁ INTENTAR ATRAPARLOS EN OTRA OCASIÓN!

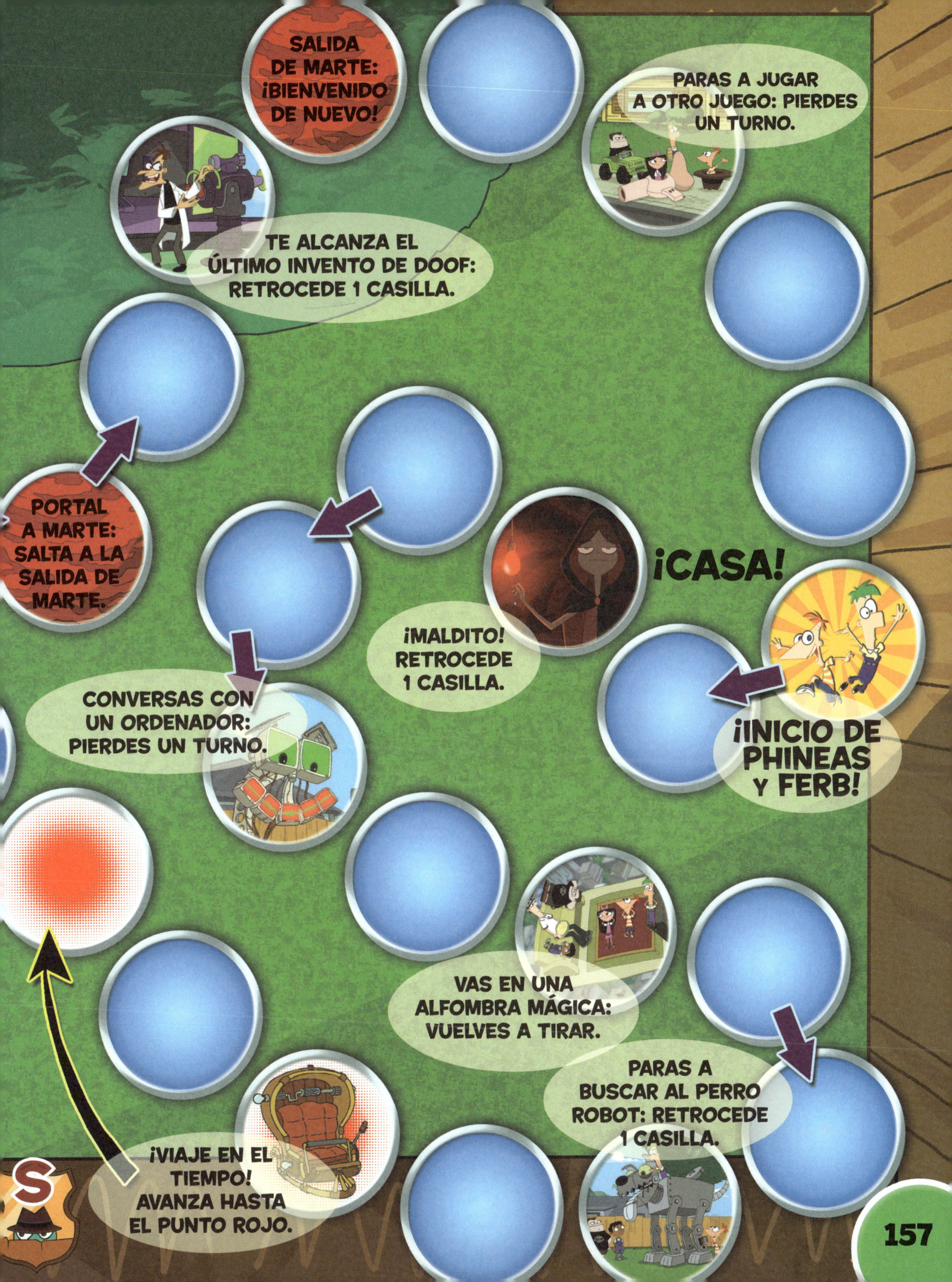
SALIDA DE MARTE: ¡BIENVENIDO DE NUEVO!
PARAS A JUGAR A OTRO JUEGO: PIERDES UN TURNO.
TE ALCANZA EL ÚLTIMO INVENTO DE DOOF: RETROCEDE 1 CASILLA.
PORTAL A MARTE: SALTA A LA SALIDA DE MARTE.
¡CASA!
¡MALDITO! RETROCEDE 1 CASILLA.
CONVERSAS CON UN ORDENADOR: PIERDES UN TURNO.
¡INICIO DE PHINEAS Y FERB!
VAS EN UNA ALFOMBRA MÁGICA: VUELVES A TIRAR.
PARAS A BUSCAR AL PERRO ROBOT: RETROCEDE 1 CASILLA.
¡VIAJE EN EL TIEMPO! AVANZA HASTA EL PUNTO ROJO.
S

Pasatiempo

Inadores Sin contro

LOS INADORES DE DOOF SE HAN VUELTO LOCOS (¡QUÉ SORPRESA!), ¡Y HAN SEMBRADO EL CAOS EN DANVILLE! RESUELVE LOS PASATIEMPOS PARA RESTAURAR EL ORDEN EN EL ÁREA LIMÍTROFE.

Copias catastróficas

DOOF CONSTRUYÓ EL COPIADOR Y PEGADOR QUE SE ESTROPEÓ Y EMPEZÓ A HACER COPIAS DE GENTE DE TODA LA CIUDAD. ¡ENCUENTRA AL ÚNICO CIUDADANO QUE NO FUE COPIADO!

Solución en la página 173

Combina y conquista

ADIVINA QUÉ OCURRE CUANDO DOOF GIRA LA PALANCA DE INVERTIR DE SU COMBINADOR. ¡TODO SE DESARMA, IGUAL QUE ESTA ESCENA! ORDENA LOS FRAGMENTOS PARA RECONSTRUIR DE NUEVO LA ESCENA ESCRIBIENDO LOS NÚMEROS EN LOS RECUADROS DE ABAJO.

Olvídalo

¡EL AMNESIA-INADOR DE DOOF VUELVE A CAUSAR ESTRAGOS, Y ESTA VEZ SE LOS HA CAUSADO A ÉL MISMO! ORDENA LAS LETRAS DE ESTAS PALABRAS, QUE SON TODAS IMPORTANTES EN LA VIDA DE DOOF.

1. _ _ _ _ NMRO
2. _ _ _ _ _ _ _ SASNEAV
3. _ _ _ _ _ _ ANIODR
4. _ _ _ _ _ _ _ AFRSCAO
5. _ _ _ _ _ EORRG
6. _ _ _ _ _ _ _ _ _ _ _ _ _ _ _ _ EPRYR LE CIORNTNORRIO
7. _ _ _ _ _ _ _ OVDMALA
8. _ _ _ _ _ _ _ _ _ _ _ _ REÁA FLIÍMORTE
9. _ _. _ _ _ _ _ _ _ _ _ _ _ RD. OLYDL REXLEW
10. _ _ _ _ _ _ _ _ _ _ _ _ SEIRNSDULSTE
11. _ _ _ _ _ _ _ _ TOECSLOE
12. _ _ _ _ _ _ GZOIMO
13. _ _ _ _ _ _ _ _ _ _ _ _ HZTNODEISNPU
14. _ _ _ _ _ GONOM
15. _ _ _ _ _ _ _ ITLGOLBO

Solución en la página 173

¿Realidad o ficción?

HOY ESTOY ENFERMO Y ME HE QUEDADO EN CASA, ASÍ QUE CARL HA VENIDO A LEERME UN CUENTO. PERO HAY DOS PROBLEMAS: PRIMERO, EN TEORÍA CARL NO SABE DÓNDE VIVO (QUÉ PROBLEMA, CARL) Y SEGUNDO, CARL NO PARA DE CONFUNDIR DETALLES Y AHORA TENGO QUE ADIVINAR LA HISTORIA AUTÉNTICA ENCONTRANDO LAS DIFERENCIAS ENTRE ESTAS DOS ESCENAS. ¡MENUDA AYUDA QUE ERES, CARL!

¿Ves las 13?

Solución en la página 173

"Encantado de brillarte"

¿LO VES? BRILLARÁN TANTO QUE NO PODRÁN DORMIR.

¡INCLUSO LES BRILLARÁN LOS OJOS POR DENTRO!
BESTIAL, ¿EH?

ESTARÁN TAN CANSADOS QUE NI SE AGUANTARÁN DE PIE POR LA FALTA DE SUEÑO. ¡Y PODRÉ APODERARME SIN PROBLEMAS DE TODA EL ÁREA LIMÍTROFE!

COMO ES BIEN SABIDO, ESTO ES EL OBJETIVO DE MI VIDA.
ESO YA ESTABA CLARO, ¿NO?

¡ZZZAP!
¡JA! ¡NO TAN RÁPIDO!

OH, NO TE PREOCUPES, TÚ ESTÁS BIEN, PERRY EL ORNITORRINCO...

¿O DEBERÍA DECIR PERRY EL BRILLARRINCO?
¡CLIC!

MIENTRAS ESTÁS OCUPADO BRILLANDO, YO ME SUMIRÉ EN LA ENTINTADA OSCURIDAD COMO UN CALAMAR, QUE HACEN TINTA, ¿NO?

Y TENDRÉ UNA CLARA VENTAJA EN CUALQUIER PELEA O CONFRONTACIÓN.

¡BAM!

¡AH! ¡NO ES JUSTO QUE ME SIGAS POR EL SONIDO DE MI VOZ! ¡ESO ES TRAMPA!

¡ZZAP!
¡OOH!
¡EH!
¡ZZAP!
¡ZZAP!
¡QUÉ COSQUI-LLAS!

¡OH, ESTO NO ESTÁ BIEN!

¡DOLOR!
¡PAM!

¡MALESTAR!
¡PLAF!

¡HERIDA DURADERA!
¡PLOF!

¡ZZZZZAP!
GOLPÉAME CUANTO QUIERAS, PERRY EL ORNITORRINCO. ¡NO ME ENCONTRARÁS!

¡LA CARA NO! ¡LA CARA NO!

¡BAM!

¡JA! ME PONGO UNA BOLSA EN LA CABEZA, PERRY EL ORNITORRINCO. PUEDE QUE ENTONCES YA NO TE VEA...

... ¡PERO TÚ TAMPOCO PODRÁS VERME A MÍ!

CLIC

¡AHORA YA NO ME ALCANZARÁS, PERRY EL ORNITORRINCO!
CLIC
AUTODES-TRUCCIÓN

¡BUM!
ESPERA, ¿QUÉ ES ESO QUE HACE «BUM»?
¿ESCUCHAS ALGO BUMOSO?

¿HOLA? ¿SIGUES AHÍ?
¿HOLAAAAA?
FIN

DESASTRE MULTICOLOR

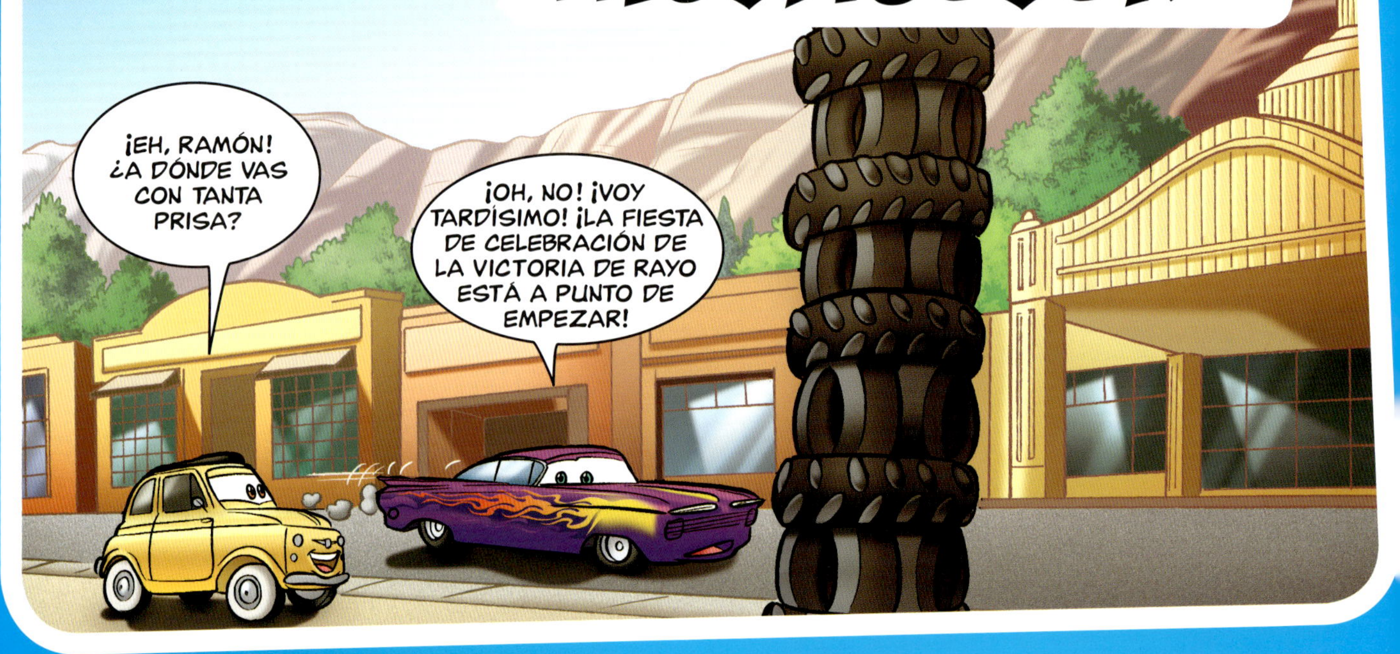

¡EH, RAMÓN! ¿A DÓNDE VAS CON TANTA PRISA?

¡OH, NO! ¡VOY TARDÍSIMO! ¡LA FIESTA DE CELEBRACIÓN DE LA VICTORIA DE RAYO ESTÁ A PUNTO DE EMPEZAR!

¡UNE LOS PUNTOS PARA DIBUJAR A NUESTRO AMIGO LUIGI!

¡RAMÓN NECESITA QUE LO AYUDES! OBSERVA ESTA PISTOLA PULVERIZADORA Y LUEGO ENCUÉNTRALA EN LA ESCENA.

Solución en la página 173

1

2

3

¿CUÁL DE LOS 3 FRAGMENTOS COMPLETA LA ESCENA?

Solución en la página 173

¿A QUÉ PERSONAJE DE LA ESCENA PERTENECE ESTA SOMBRA?

Solución en la página 173

Colorea
COLORES DE MIGUEL
¡ME LLAMO MIGUEL CAMINO!
COLORES QUE VAS A NECESITAR:
ROJO
NARANJA
NARANJA CLARO
AMARILLO
DURAZNO
VERDE
GRIS OSCURO
GRIS
GRIS CLARO

Soluciones

Página 18

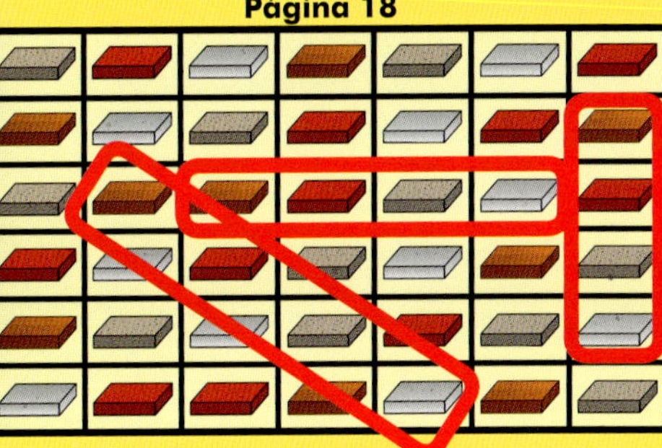

Página 19

Página 20

Página 21
Maestro de sushi: 1-D, E; 2-A, C,F; 3-B, G
Carteles rotos en Tokio: 1-D, 2-C, 3-A, 4-E, 5-B

Página 22
1-C, 3-A, 4-B
El dinosaurio 2 no tiene sombra.
Rex es un *Tyrannosaurus rex.*

Página 23

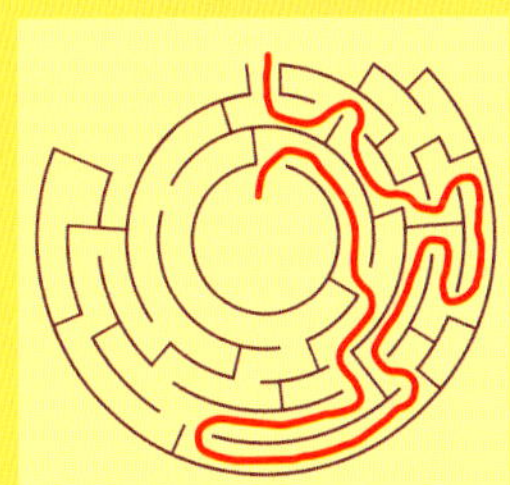

Páginas 24-25
1-A, 2-C, 3-C, 4-B, 5-A, 6-B
El juguete que no está en las fotos es Lotso.

Página 28
A-5, B-6, C-4, D-1, E-3, F-2

Página 29
A-1, B-5, C-4, D-2, E-3, F-6

Página 29

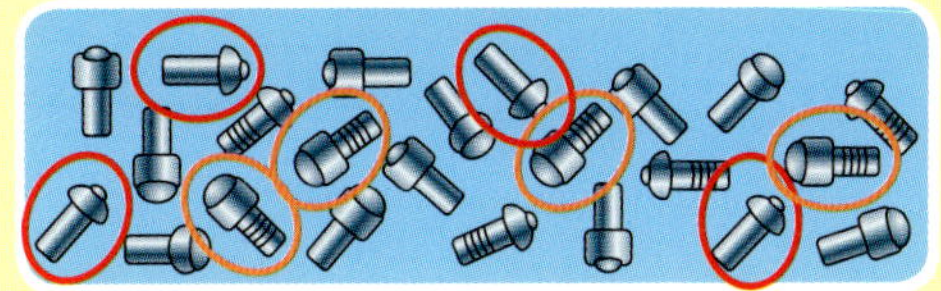

Página 32
A-1, B-5, C-3, D-4, E-2, F-6

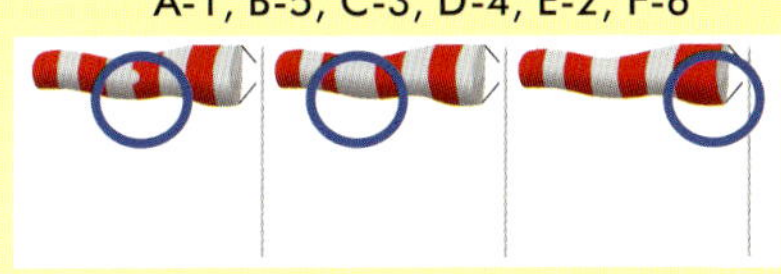

Página 33
DUSTY: 1.º
EL CHUPACABRA: 2.º
RIPSLINGER: 3.º

Página 52
RAOUL: 1 + 3 + 2 + 3 + 2 + 1+3 = 15
RAYO: 3 + 2 + 1 + 2 + 1 + 3 + 2 = 14
FRANCESCO: 3 + 1 + 2 + 1 + 2 + 3 +1 = 13

Página 53

1-D, 2-C, 3-A, 4-B

Página 54
IVÁN

Página 55
Disfraz holográfico: D
Laberinto remolcador de Iván: C

Página 56

Página 57

1-D, 2-B, 5-C, 6-A, 7-E
3 y 4 sobran.

Páginas 58-59

Página 61
1) SÍ
2) NO, lo dice Lotso.
3) SÍ
4) SÍ
5) NO, lo dicen los Marcianitos.

Página 62

Página 63
En el jardín: 1-G, 2-B, 3-D, 4-F, 5-C, 6-A
(sobra la pieza E).
Empieza la obra: D es el distinto.

Página 65

Página 86

Página 87

Página 88

Páginas 90-91
1: ¡LUCHAR Y VOLAR!
2: El planeta distinto es el C.
3: A y C son exactamente iguales.
4: Hay un número IMPAR de meteoritos.

Páginas 92-93
1: Super Pantalla Mágica ha hecho más dibujos.
(Woody = 12, Super Pantalla Mágica = 15)
2: D, A, B, C, E
3: JUGUETES
4: LOTSO

Páginas 94-95
Bravo: 4, Dusty Fumigavión: 2,
Ripslinger: 1, El Chupacabra: 3

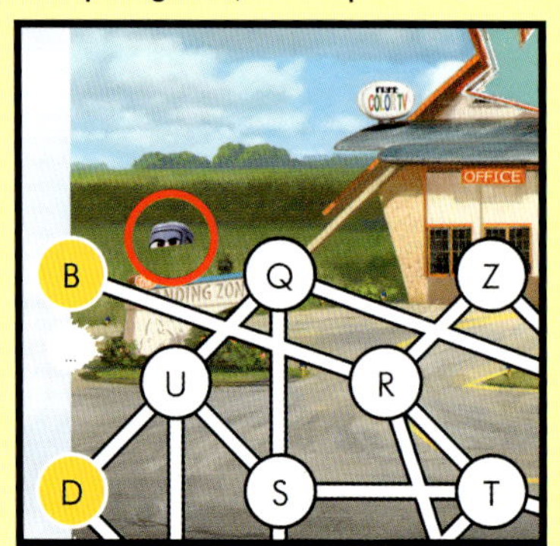

Página 97

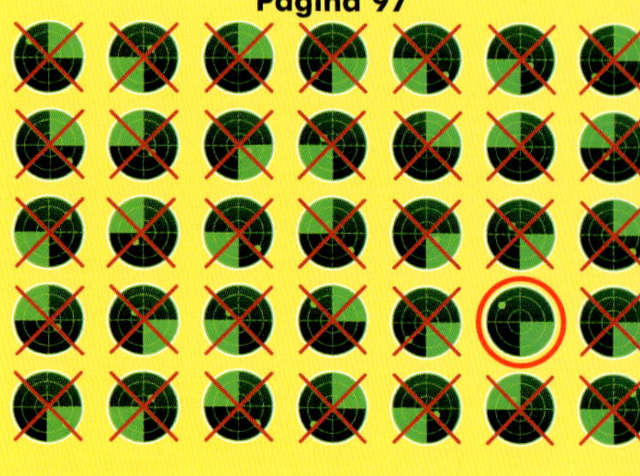

Páginas 114-115
2: La huella más grande es la C.
3: Hay cuatro dinosaurios en total.

Página 117

Página 118
1: SID PHILLIPS
2: A los Soldaditos Verdes

Página 119
1-A, 2-C, 3-B, 4-E (sobra la pieza D).

Página 120

Página 121
2: A y D son iguales.
3: A: WOODY, B: BUZZ, C: JESSIE

Página 122

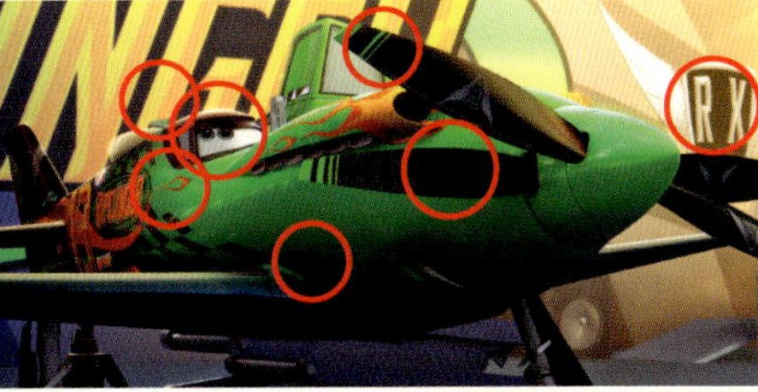

Página 123
Ripslinger = 4, Dusty = 7, El Chupacabra = 8,
Bulldog = 6, Ishani = 5, Ned y Zed = 2

Página 126

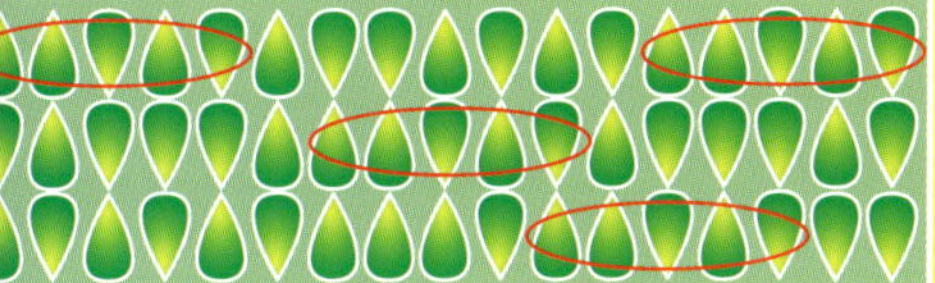

A-2, B-1, C-6, D-5, E-3, F-4

Página 127

Página 145

B	A	L	O	H	A
V	A	U	O	U	W
S	L	A	J	L	J
M	X	U	I	A	S
D	N	E	N	E	E
O	K	A	I	T	S

Página 146

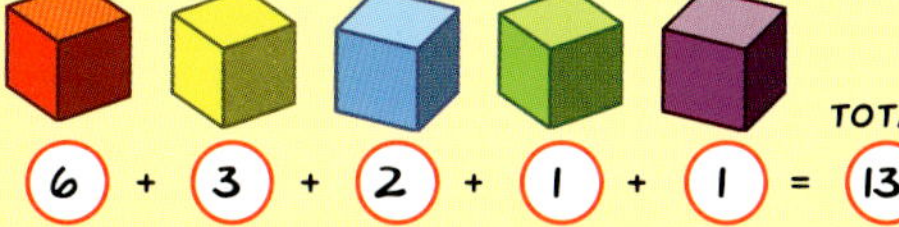

Páginas 148-149

2: AZULES = 7,
VERDES = 5,
ROJOS = 8
3: B-3, C-1, D-2 (sobra el A).

Páginas 152-153
1: A-8, B-5, C-6, D-4, E-8
2: A-3, B-5, C-2, D-1, E-4

Páginas 158-159
Copias catastróficas: Buford
Combina y conquista: G, A, D, B, F, E, C
Olvídalo:
1. NORM
2. VANESSA
3. INADOR
4. FRACASO
5. ROGER
6. PERRY EL ORNITORRINCO
7. MALVADO
8. ÁREA LIMÍTROFE
9. DR. LLOYD WEXLER
10. DRUSSELSTEIN
11. OCELOTES
12. GOOZIM
13. SPITZENHOUND
14. GNOMO
15. GLOBITO

Página 160

Página 167

Página 168
El fragmento 3

Página 169
Luigi

301